RABAGAS

COMÉDIE

Représentée pour la première fois à Paris, sur le théâtre du Vaudeville,
le 1er février 1872.

MICHEL LÉVY FRÈRES, ÉDITEURS

DU MÊME AUTEUR

Les Pattes de Mouche, comédie en trois actes, en prose.
Nos Intimes! comédie en quatre actes, en prose.
Les Ganaches, comédie en quatre actes, en prose.
Les Diables noirs, drame en quatre actes, en prose.
Piccolino, comédie en trois actes, en prose.
La Perle noire, comédie en trois actes, en prose.
M. Garat, comédie en deux actes, en prose.
Les Gens nerveux, comédie en trois actes, en prose.
La Papillonne, comédie en trois actes, en prose.
Les Prés Saint-Gervais, comédie en deux actes, en prose.
L'Écureuil, comédie en un acte, en prose.
La Taverne, comédie en trois actes, en vers.
Les Premières Armes de Figaro, comédie en trois actes, en prose.
Bataille d'amour, opéra-comique en trois actes, en prose.
Le Dégel, comédie en trois actes, en prose.
Les Femmes fortes, comédie en trois actes, en prose.
Don Quichotte, comédie en trois actes, huit tableaux, en prose.
Le Capitaine Henriot, opéra-comique en trois actes.
Les Vieux Garçons, comédie en cinq actes, en prose.
La Famille Benoiton, comédie en cinq actes, en prose.
Maison neuve! comédie en cinq actes, en prose.
Nos Bons Villageois, comédie en cinq actes, en prose.
Les Pommes du voisin, comédie en trois actes, quatre tableaux.
Fernande, pièce en quatre actes, en prose.
Séraphine, comédie en cinq actes, en prose.
Patrie! drame historique en cinq actes, huit tableaux, en prose.
Le Roi Carotte, opéra-bouffe-féerie, en quatre actes, vingt-deux tableaux.

LA PERLE NOIRE

ROMAN

Un volume grand in-18.

RABAGAS

COMÉDIE

EN CINQ ACTES, EN PROSE

PAR

VICTORIEN SARDOU

PARIS

MICHEL LEVY FRÈRES, ÉDITEURS

RUE AUBER, 3, PLACE DE L'OPÉRA

LIBRAIRIE NOUVELLE

BOULEVARD DES ITALIENS, 15, AU COIN DE LA RUE DE GRAMMONT

1872

Droits de reproduction, de traduction et de représentation réservés.

PERSONNAGES

LE PRINCE DE MONACO............	MM. Lafont.
RABAGAS, avocat................	Grenier.
LE CHEVALIER CARLE, neveu du Prince, lieutenant des gardes...............	Delessart.
ANDRÉ DE MORA, lieutenant des gardes...	Doria.
CAMERLIN.......................	Victorin.
CHAFFIOU.......................	Georges.
VUILLARD.......................	Lacroix.
PETROWLSKI....................	Colson.
DESMOULINS....................	Belval.
BRICOLI, chef de police...........	Ricquier.
SOTTOBOIO, gouverneur...........	Fauvre.
DE VINTIMILLE, capitaine des gardes.....	Cornalia.
BOUBARD, colonel des gendarmes.......	Munié.
BIGORRO........................	Moisson.
DE FLAVARENS, sous-lieutenant des gardes..	Jourdan.
M^{ess} EVA BLOUNTH..............	Mmes Antonine.
LA PRINCESSE GABRIELLE.........	Hébert.
LA BARONNE DE SOTTOBOIO.......	Helmont.
TIRELIRETTE....................	Bianca.
Mlle DE THÉROUANE.............	Reuysda.
NOISETTE (travesti)...............	Barataud.

Messieurs les Directeurs des théâtres de province ne pourront jouer cette pièce qu'avec l'autorisation formelle et par écrit de l'auteur.

S'adresser pour la mise en scène exacte et détaillée à M. Vizentini, régisseur du Vaudeville.

RABAGAS

ACTE PREMIER

Une terrasse du palais de Monaco, d'où l'on découvre la mer, des jardins, etc. — Un toit rouge et une cheminée plus rapprochés se détachent en silhouette sur ce panorama. — Au fond, sur toute la largeur de la scène, balustrade, avec groupes d'enfants et escalier, par où l'on descend à la ville. — A droite et à gauche, massif de verdure et de fleurs. — A gauche, premier plan, gros pilier de pierre surmonté d'un vase; à droite, table, chaises, canapé de jardin.

SCÈNE PREMIÈRE.

BRICOLI, JARDINIERS, GARDIENS. (Les jardiniers achèvent de nettoyer la place.)

BRICOLI, aux jardiniers.

Allons, faites-moi disparaître ces brouettes, et plus vite que ça... (Aux gardiens.) Et vous, messieurs les gardiens!... Écoutez-moi bien... Son Altesse le prince de Monaco va venir, à son ordinaire, fumer un cigare sur cette terrasse, après son dîner... (Regardant sa montre.) Huit heures... qui tire à sa fin... Vous surveillerez avec plus de soin que jamais les promeneurs, tant naturels du pays qu'étrangers, qui circulent en ce moment dans les jardins; puisque Son Altesse, malgré mes justes observations, s'obstine à les laisser ouverts jusqu'à la nuit close!... (Mouvement des gardiens pour s'éloigner.) Attendez!... Doucement, que diable!... Cette surveillance a un double caractère: protéger les jardins contre les actes de vandalisme, dont ils sont l'objet depuis quelque temps, et paralyser toute tentative de malveillance contre la personne de notre honoré maître... C'est compris!... marchez!...

SCÈNE II.

BRICOLI, ANDRÉ.

ANDRÉ, venu par l'escalier du fond, et qui a entendu les derniers mots.

Très-bien, M. Bricoli,... bonne mesure!

BRICOLI, se retournant et saluant.

Ah! monsieur de Mora!... Son Altesse a quitté la table?

ANDRÉ, époussetant ses bottes.

Je n'en sais rien; j'arrive de Menton!... Il faut avouer, monsieur Bricoli, que les méchantes dispositions de la population de Monaco, envers son souverain, commencent à nous donner à tous bien du mal!

BRICOLI, tandis que les valets dressent une table pour le café.

Ne m'en parlez pas, M. le lieutenant, cela prend des proportions!... Je viens de faire relever, sur cette terrasse, trois brouettes, pleines de tessons, débris, peaux de lapin et détritus de toutes sortes que ces mauvais singes nous lancent pardessus la balustrade... Ils savent que c'est ici la promenade favorite de monseigneur... qui y prend volontiers son café, et ils en font leur dépotoir.

ANDRÉ.

Le prince est trop débonnaire : cela finira par se gâter.

BRICOLI.

Voici Son Altesse!

ACTE PREMIER.

SCÈNE III.

Les Mêmes, LE PRINCE, CARLE, GABRIELLE, SOTTOBOIO, BOUBARD, FLAVARENS, LA BARONNE, MADEMOISELLE DE THÉROUANE. Deux Dames d'honneur. Laquais, servant le café.

LE PRINCE. Il entre par la gauche, suivi de tout le monde et tenant à la main une lettre,

Bonsoir, messieurs!... Eh bien, monsieur de Mora, que me dit le capitaine? — Menton vous a paru un peu agité...

ANDRÉ.

Oui, monseigneur, quelques rassemblements...

LE PRINCE, au gouverneur.

Et ici?

SOTTOBOÏO.

Une agitation plus sourde!

LE PRINCE, s'asseyant sur le canapé pour prendre son café.

Il est écrit que je ne fumerai jamais un cigare en paix!... (Il achève de lire la lettre.)

BRICOLI, apercevant un râteau contre le pilastre de gauche.

Allons, un râteau oublié! (Il enlève le râteau et reste saisi devant une caricature du prince ébauchée au charbon sur le pilastre.) Ciel!...

SOTTOBOÏO.

Hein?

BRICOLI.

Voyez!

SOTTOBOÏO.

Juste Dieu! (Il se campe devant le pilastre pour cacher l'objet au prince. Bricoli disparaît un moment en emportant le râteau.)

LE PRINCE, qui n'a rien vu.

Jusqu'à mes serviteurs qui commencent à s'effrayer!... Gouverneur, ceci vous regarde. (Il lui tend la lettre.)

SOTTOBOÏO, n'osant pas bouger.

Monseigneur!

LE PRINCE.

Une lettre de Mme la surintendante du palais!

GABRIELLE.

Ma gouvernante?

LE PRINCE.

Votre gouvernante, ma fille, effrayée par les murmures qui vous ont accueillie l'autre jour à Rochebrune, me prie d'accepter sa démission!

GABRIELLE, étourdiment.

Oh! quel bonheur! une femme si ennuyeuse.

LE PRINCE, à demi-voix.

Eh bien! eh bien!... Est-ce qu'une princesse peut convenir de ces choses-là?... Baron, vous répondrez à la surintendante que sa démission est acceptée, au très-vif regret de la princesse Gabrielle... (Tendant toujours la lettre à Sottoboïo qui n'ose pas bouger pour la prendre.) Eh bien, baron, quand il vous plaira!

SOTTOBOÏO, même jeu.

Monseigneur! je...

LE PRINCE.

Quoi!... (Lorgnant.) Ah! ah! Qu'est-ce donc que vous cachez là?

BRICOLI, sur un geste de Sottoboïo, prenant vivement sa place devant le pilastre.

Monseigneur, ce n'est rien! rien!...

LE PRINCE.

Otez-vous donc, baron. (Sottoboïo s'efface et Bricoli de même.)

GABRIELLE, regardant.

Ah! c'est papa!

LE PRINCE.

Moi! (Se levant.) C'est ma foi vrai!... c'est moi...

ACTE PREMIER.

LA BARONNE.

Dieu, que c'est laid!...

BRICOLI, cherchant de quoi effacer.

Monseigneur, en un tour de main!...

LE PRINCE, l'arrêtant du geste et lorgnant de plus près.

Oh!... le nez!... ce n'est pas le nez!... ni le menton!... (Se reculant.) Pourtant... (Riant.) C'est assez drôle!

SOTTOBOÏO.

Monseigneur va laisser subsister cette œuvre de corruption?

LE PRINCE, gaiement.

Ah! s'ils voulaient bien se contenter de faire ma charge!

BRICOLI.

Oui, mais ils ne s'en contentent pas! — Il faut bien avouer à Votre Altesse que cette terrasse était tout à l'heure un réceptable de détritus sans nom!

SOTTOBOÏO.

Et les dégradations du jardin!...

LE PRINCE, fronçant le sourcil.

Encore?

BRICOLI.

Trois vitres de la grande serre brisées!

LE PRINCE.

Les drôles!

FLAVARENS.

Et ce beau cactus qui ne fleurit que tous les cent ans!...

GABRIELLE.

Mon cactus?...

BRICOLI.

La fleur arrachée!... il n'y a pas un quart d'heure.

GABRIELLE.

Ah! quel malheur!

LE PRINCE.

Ah! décidément il faut sévir! (Mouvement de joie de tous les officiers.)

SOTTOBOÏO et BRICOLI, à eux-mêmes.

Enfin!...

LE PRINCE.

Dégrader mon jardin, embelli pour eux autant que pour moi!... Je serai sans pitié!... Bricoli, qu'on ferme à l'instant toutes les grilles, vous l'entendez... à l'instant!

BRICOLI.

Oui, monseigneur!

LE PRINCE.

Et dorénavant... interdits au public!...

SOTTOBOÏO.

Bravo, cela!

GABRIELLE.

Mais les personnes qui s'y promènent encore?

LE PRINCE.

C'est juste!... Laissez la grande grille ouverte... pour que l'on sorte seulement... Et tout individu suspect de dégradations... arrêté...

BRICOLI.

Oui, monseigneur!... (A lui-même.) A la bonne heure... (Il sort.)

SOTTOBOÏO.

Tandis que Votre Altesse est dans ces bonnes dispositions... si nous pouvions obtenir d'elle, un autre acte de vigueur!

LE PRINCE, se rasseyant et buvant son café.

Gouverneur, je suis furieux! profitez-en!

SOTTOBOÏO, désignant le toit et la cheminée au fond.

Ce bouge... cette caverne, cette détestable brasserie... là, sous la terrasse!

LE PRINCE.

Oh! oui, la brasserie! — de... du... comment l'appelez-vous déjà?

SOTTOBOÏO, pudiquement.

Je n'ose pas devant la princesse...

LE PRINCE.

Si... Voyons, il y a de la grenouille là dedans!

SOTTOBOÏO, baissant la voix.

Du *Crapaud...*

LE PRINCE.

Le Crapaud-Volant!... C'est ça!... Eh bien?

SOTTOBOÏO.

Eh bien, monseigneur, c'est de là que viennent toutes les clameurs, toutes les bouteilles cassées, tous les défis! Cette exécrable ébauche qui ridiculise votre auguste profil, quel autre a pu la commettre, la nuit, qu'un habitué de ce tapis-franc?...

LE PRINCE.

C'est probable... Aussi bien ce café est un vrai foyer d'intrigues!

SOTTOBOÏO.

Je crois bien! Le cafetier Camerlin, un défroqué!... se mêle d'écrire. Et le journal de l'opposition enragée, *La Carmagnole!* s'imprime dans le même local!

LE PRINCE.

Eh bien, faites savoir à ce cafetier-journaliste que ceci passe la mesure, et qu'à la première incartade, je ferme les deux boutiques à la fois!

SOTTOBOÏO.

Tout de suite, monseigneur!

LE PRINCE.

Je ne vous retiens plus, mesdames, et vous pouvez continuer votre promenade... (Tout le monde se retire par la droite.) Carle, voyez si votre capitaine est au château, et dites-lui de venir me parler tout de suite.

GABRIELLE, assise près de son père.

En même temps, Carle, ayez la bonté de dire que l'on m'apporte un châle.

CARLE.

Oui, princesse. (Il sort par la gauche.)

SCÈNE IV.

LE PRINCE, GABRIELLE[1].

LE PRINCE.

Maintenant que nous sommes seuls, Gabrielle,... je vous ferai, pour la vingtième fois, une observation...

GABRIELLE.

Attendez, papa, je sais ce que vous allez dire. Vous ne voulez pas que j'appelle mon cousin Carle tout court!

LE PRINCE.

Et vous venez encore de le faire!

GABRIELLE.

Papa, je vous demande pardon, mais vous aurez bien du mal à obtenir cela de moi!

LE PRINCE.

Parce que?

GABRIELLE.

Nous avons été élevés ensemble. Jusqu'à ma sortie du couvent, je lui ai dit *tu*, il m'a dit *toi;* et puis tout à coup il m'a fallu changer cela, par ordre de ma gouvernante...

---

1. Le prince, Gabrielle.

LE PRINCE, rectifiant.

Par mon ordre!

GABRIELLE.

C'est joliment difficile, de se défaire ainsi d'une habitude d'enfance...

LE PRINCE.

Tu vois bien qu'il y a réussi, lui.

GABRIELLE.

Oh! mais lui, c'est un homme! Il a de l'énergie! — Moi, ça me gêne...

LE PRINCE.

Voilà de belles raisons...

GABRIELLE.

Et puis, enfin, il est votre neveu, mon cousin,... toutes les cousines appellent leurs cousins par leurs petits noms...

LE PRINCE.

Pas toutes?

GABRIELLE.

Toutes! je t'assure!... Observe bien!

LE PRINCE.

Dans la bourgeoisie, bon!... Mais une princesse!

GABRIELLE.

C'est quelquefois bien ennuyeux d'être princesse!...

LE PRINCE.

Et prince!... Si tu crois que c'est toujours amusant!

GABRIELLE.

Oh! non!

LE PRINCE.

Mais enfin, c'est ainsi. Les princes sont soumis à d'autres règles que le commun des mortels...

GABRIELLE.

Est-ce utile?

LE PRINCE.

Je n'en suis pas sûr!... Mais nous n'y pouvons rien changer, toi ni moi... Il y a une étiquette!... Ainsi, par exemple, tu m'appelles toujours « papa ! »

GABRIELLE.

Eh bien, ce n'est donc pas gentil,... ça?

LE PRINCE.

C'est très-gentil! mais ce n'est pas digne!... « Mon père » serait plus convenable. — Tâche donc de prendre sur toi de m'appeler : « mon père. »

GABRIELLE.

Oui, papa!

LE PRINCE, riant.

Bien!...

GABRIELLE, l'embrassant en riant.

Ah! non, pardon!

LE PRINCE.

Bon! bon, cela viendra... Autre chose maintenant. — Nous voilà sans dame du palais,..

GABRIELLE.

Oh! Je vous assure, *mon père,* que je m'en passerai très-bien! Je suis assez grande pour me conduire toute seule.

LE PRINCE.

Eh bien, prouvez-le, princesse, en prenant les allures de votre rang. — Car enfin il y a des propositions qui vous concernent.

GABRIELLE.

Ah!

LE PRINCE.

Oui! — Que dirais-tu, si je pensais à te marier?

GABRIELLE.

Moi! Pourquoi faire?...

LE PRINCE.

Pourquoi faire?... Mais dame!... On se marie généralement!... Observe bien!

GABRIELLE.

Oh! je ne suis pas pressée!...

LE PRINCE.

Tant mieux!... Nous aurons le temps de choisir.

GABRIELLE.

Et à moins que quelqu'un ne me plaise beaucoup, beaucoup!...

LE PRINCE.

Voilà encore une idée bourgeoise!... Est-ce que les princesses ont besoin d'épouser quelqu'un qui leur plaise beaucoup?

GABRIELLE, surprise.

Ah!

LE PRINCE.

Pourvu que le mari réponde à toutes les exigences, de nom, de positions et d'intérêts politiques...

GABRIELLE.

Ah! je ne tiens pas à tout ça, moi!

LE PRINCE.

Oui, mais on ne te demande pas ton avis!

GABRIELLE.

On a tort, car enfin si ça regarde quelqu'un, c'est bien moi!

LE PRINCE, à lui-même.

Cette petite fille a des raisonnements!... très-justes d'ailleurs. (Haut.) Mais nous sommes prince, ne l'oublions pas.

GABRIELLE.

Oui!

LE PRINCE.

Or les princes ne se marient pas pour eux : ils se marient pour leurs peuples!

GABRIELLE.

C'est encore gai, ça!

LE PRINCE.

Ce n'est pas toujours gai! mais nous n'y pouvons encore rien. — Il s'agit donc de tout concilier, autant que possible...

GABRIELLE.

En épousant quelqu'un qui ne me convienne que médiocrement.

LE PRINCE.

Non! je ne suis pas si rigoureux que cela sur les principes!... et pourvu qu'il te plaise et qu'il soit seulement de maison régnante.

GABRIELLE.

Eh bien, papa... (Se reprenant.) Non, mon père... Justement, je connais quelqu'un dans ces conditions-là!

LE PRINCE, souriant.

Ah! tu as un candidat?

GABRIELLE.

Mon cousin!

LE PRINCE, se levant mécontent.

Carle!... encore!...

GABRIELLE.

Il est de maison régnante... il me plaît!... c'est complet!

LE PRINCE, avec humeur.

Allons!... je vous défends de vous mettre en tête de telles chimères.

GABRIELLE, debout et venant à lui.

Pourquoi? Il est bien élevé, très-bon, très-doux!... il est votre neveu!

LE PRINCE.

Oh!... si peu!

ACTE PREMIER.

GABRIELLE.

Quand j'étais petite, c'était convenu, nous nous traitions déjà de petit mari et de petite femme!...

LE PRINCE.

Oui, oui, mais vous n'êtes plus petite.

GABRIELLE.

Enfin, quelle raison?...

LE PRINCE.

Des raisons à moi!... qui ne regardent pas les petites filles!

GABRIELLE.

Vois comme tu te coupes!... Tu viens de dire toi-même que je ne suis plus petite...

LE PRINCE.

Mais je vous dis que je ne veux plus entendre parler de M. Carle!... cela doit suffire, ce me semble!

GABRIELLE, avec dignité.

Cela suffit, monsieur!...

LE PRINCE, à lui-même.

Décidément, ce Carle... Il n'est que temps!... j'y veillerai!... (Haut, avec bonté.) Allons! nous en reparlerons une autre fois, veux-tu?... Laisons mûrir cela!

GABRIELLE, avec une dignité affectée.

Comme il plaira à Votre Altesse!...

LE PRINCE.

Voici le vent qui fraîchit, ne reste pas sur cette terrasse... et au lieu d'attendre ici ton châle... rentre au palais!... Mais, viens d'abord m'embrasser!

GABRIELLE.

Oui! monseign...

LE PRINCE.

Mon père, s'il vous plaît.

GABRIELLE.

Oui! *mon père!*

LE PRINCE, la serrant dans ses bras.

Elle a raison, *papa* est plus gentil.

GABRIELLE.

Cent fois! mais on ne veut pas me croire.

LE PRINCE.

Concilions : tu diras *mon père* en public, et *papa* entre nous...

GABRIELLE.

Oui, papa!

LE PRINCE.

Va et à tout à l'heure, ma chérie!

SCÈNE V.

Les Précédents; CARLE, avec le châle.

CARLE.

Monseigneur, le capitaine n'était pas au palais, il est chez lui!... (Il présente le châle à Gabrielle.) Princesse...

LE PRINCE, vivement, prenant le châle qu'il jette sur les épaules de sa fille.

Merci, chevalier!... Tiens!

GABRIELLE, à demi-voix, à son père, en s'enveloppant.

Dites donc, papa, une idée pour compléter votre pensée... Lui dire monsieur Carle en public, et Carle dans l'intimité.

LE PRINCE.

Encore?

GABRIELLE, vivement.

Non! non! je me sauve!... Nous laissons mûrir... c'est convenu! A tout à l'heure! (Elle sort par la gauche; Carle la suit des yeux.)

LE PRINCE, à lui-même.

Chère enfant! le moyen de gronder cela. (Regardant Carle.) Mais toi!... je vais te surveiller!...

SCÈNE VI.

LE PRINCE, CARLE, ANDRÉ, BRICOLI, SOTTOBOIO.

André entrant vivement le premier, Bricoli au fond, essoufflé, parle à deux gardiens.

ANDRÉ.

Autre dégradation constatée, monseigneur : la statue d'Hercule a trois doigts de moins...

LE PRINCE.

Les brutes!

ANDRÉ.

Mais je crois qu'on est sur les traces de la personne qui arrache les fleurs!... c'est une femme!...

LE PRINCE.

Une femme?

SOTTOBOÏO, se tournant vers Bricoli qui descend.

Du moins, à ce que dit M. Bricoli.

BRICOLI, descendant.

Sans aucun doute, monseigneur! — A la vue des gardiens, elle s'est dérobée lestement au détour d'une allée, et d'ailleurs, il n'y a plus qu'elle dans le jardin.

LE PRINCE.

Et les grilles?

BRICOLI.

Toutes fermées!... sauf la souricière de la grande porte.

LE PRINCE.

Alors elle ne peut pas vous échapper! (A Sottoboïo.) Allons

voir le dégât de la statue, baron! (A André et Carle qui s'apprêtent à le suivre.) Non, demeurez, messieurs. Et si par hasard cette femme se rabat de ce côté, arrêtez-la!... Poliment! jeunes gens, je n'ai pas besoin de vous le dire!... surtout si elle est vieille!... (Ils sortent par la droite.)

SCÈNE VII.

ANDRÉ, CARLE[1].

CARLE, railleur, se retournant vers André.

Alors tu fais la police du jardin avec Bricoli, toi?

ANDRÉ.

Ah!... si je la faisais la nuit, pour surveiller tes folies!

CARLE, surpris.

Mes folies?

ANDRÉ.

Carle, tu te méfies de moi, tu as tort!

CARLE.

Moi!

ANDRÉ.

Oui, oui, toi!... Et pourtant tu n'as pas de meilleur ami que moi!...

CARLE.

Ose dire que ce n'est pas réciproque.

ANDRÉ.

Raison de plus!... quoi, depuis l'âge de quinze ans, argent ou dettes, logement et valets, tout entre nous est commun! Pas un chagrin, pas une joie pour l'un qui ne soit pour l'autre!... Neveu de Son Altesse, comme l'étant de sa défunte femme, dont la mort n'a pas détruit tes liens de parenté, on t'a fait lieutenant des gardes du corps... Et pour vivre de ta vie,

1. André, Carle.

et ne pas me séparer de toi, j'ai sollicité et obtenu une lieutenance dans le même corps...

CARLE, l'interrompant.

Crois-tu que j'oublie tout cela !...

ANDRÉ.

Oui! puisque tu as un secret pour moi!

CARLE.

Un secret?

ANDRÉ.

Ne mens pas!... de toi à moi, ce serait odieux !... Oui, un secret que tu me caches, et que je connais malgré toi!

CARLE, avec un rire affecté.

Voyons-le donc alors, ce beau secret!

ANDRÉ, tranquillement.

Je le voudrais assez gai pour en rire avec toi... Malheureusement...

CARLE, même jeu.

C'est triste?...

ANDRÉ.

C'est absurde... et dangereux !

CARLE, ne riant plus.

Ah !...

ANDRÉ, baissant la voix.

Mais, de bonne foi, voyons, crois-tu que je n'ai pas remarqué tes distractions, tes longs silences, tes absences plus longues... et tes fréquentes sorties nocturnes? (Mouvement de Carle.) Oui, tu sors la nuit avec mille précautions... Mais j'ai bon œil et tu rentres à deux heures du matin sur la pointe du pied... (Même jeu.) mais j'ai l'oreille fine!... J'ai attendu patiemment qu'il te plût de m'initier à cette aventure qui me paraissait plus sérieuse que les autres... Tu persistes à n'en rien dire... je parle!...

CARLE, embarrassé.

J'ai pu sortir par hasard... c'est vrai, mais...

ANDRÉ.

Et je sais où tu vas!...

CARLE.

Oh! ça!...

ANDRÉ.

Au palais!

CARLE, vivement.

Qui t'a dit?...

ANDRÉ.

Je t'ai suivi, la nuit dernière.

CARLE.

Oh! André!

ANDRÉ.

Jusqu'à la petite porte verte qui ouvre là sur la campagne, et qui s'est fermée sur toi... mais j'en savais assez pour reconstituer le reste...

CARLE, troublé.

Des chimères!...

ANDRÉ.

Tu as traversé le parc jusqu'au palais... puis, tournant à droite, tu as gagné cette partie obscure et déserte qui fait retour vers la chapelle, et, là, tu n'as eu qu'à lever les yeux pour voir celle qui t'attendait... à la fenêtre de son oratoire.

CARLE.

André!

ANDRÉ.

Oh! c'est très-pur, très-chaste, ce rendez-vous à dix pieds du sol, et par une fenêtre grillée; car elles le sont toutes de ce côté désert!... Et que celle qui te l'accorde n'en soupçonne pas le danger!... Parbleu!... c'est une enfant, et son innocence même fait son audace!... mais n'est-ce pas à toi de l'apprécier pour elle? Et me cacherais-tu avec tant de soin ta conduite, si ta conscience ne te criait qu'elle est indigne d'un honnête homme, et que c'est une étrange façon de reconnaître les bienfaits du prince, toi, son neveu, que de donner des rendez-vous nocturnes à sa fille!...

CARLE, effrayé.

Malheureux, plus bas!

ANDRÉ.

Tu vois bien que je sais tout!

CARLE, avec force.

Non! tu ne sais pas tout, car tu serais moins sévère!... ou plutôt tu l'oublies!

ANDRÉ.

Et quoi?

CARLE.

Tu oublies que cette enfant dont tu parles est la première affection de ma vie, que j'ai guidé ses premiers pas, séché ses premières larmes; à l'âge où une princesse n'est qu'une petite fille comme une autre... Tu oublies que sa mère elle-même ne faisait mystère à personne de son désir de me la donner pour femme, et que, tant qu'elle a vécu, nous avons grandi, Gabrielle et moi, dans cette pensée, que nous étions l'un à l'autre pour toujours!... Et parce qu'il prend fantaisie à Son Altesse de nous séparer, parce qu'il lui plaît de changer d'avis, il faut qu'il nous plaise, à nous, de changer d'amour et d'accepter la violence qui nous est faite... Allons donc! jamais!...

ANDRÉ.

Et de quelles violences te plains-tu?

CARLE.

De quelles?... On l'a mise au couvent pour la séparer de moi, et elle en est sortie, il y a six mois, avec la surveillance d'une exécrable gouvernante, qui est allée déterrer, je ne sais où, je ne sais quelle étiquette surannée pour la jeter entre nous comme une glace! Et plus d'amitié, de parenté, ni d'abandon!... Une princesse condamnée à la froideur!... Un officier condamné au respect!... Mais ce n'était rien, cela : on nous permettait encore quelques fragments d'entretien, un tour de parc, une promenade à cheval, un peu de musique, sous la surveillance de la duègne!... Depuis huit jours, rien!... Des verrous... un mur!... — Eh bien, oui, cela me révolte!... C'est déloyal et cruel!... On n'a pas le droit de nous désunir!... Nous sommes fiancés l'un à l'autre par le passé de notre enfance, par la volonté de la mère, par notre consentement, par notre amour, par tout ce qui est légitime et respectable au monde... Et on veut me la reprendre et me la voler!... Eh bien, non... non... non!... On ne le fera pas, on ne la reprendra pas!... Je ne veux pas la rendre!...

ANDRÉ.

Oh!

CARLE.

Et si l'on se voit comme on peut, quand on peut, à qui la faute?... — Qu'on me laisse lui parler le jour, je ne lui parlerai pas la nuit! — On m'attaque, je me défends, c'est mon droit!

ANDRÉ.

Ton droit!... Eh! laisse là ton prétendu droit... Que Son Altesse apprenne...

CARLE.

Que me fera-t-elle de pire?

ANDRÉ.

Elle te chassera!

CARLE.

Soit! J'enlèverai ma femme!

ANDRÉ.

Carle, tu ne penses pas cela?

CARLE.

Eh bien, tu verras!...

ANDRÉ.

Malheureux fou!... Tais-toi, on vient!

SCÈNE VIII.

Les Mêmes, BRICOLI, puis LE PRINCE et SOTTOBOIO.

BRICOLI, effaré, s'essuyant le front.

Victoire ! nous la tenons !

ANDRÉ et CARLE.

La femme ?

BRICOLI.

Oui !... Son Altesse, où est Son Altesse ?...

LE PRINCE, entrant par la droite.

Eh bien ?...

BRICOLI.

Monseigneur, nous tenons la coupable !

LE PRINCE.

C'est bien une femme ?

BRICOLI.

C'est même une dame... Jeune et jolie... La malheureuse !

LE PRINCE, vivement.

Jeune et jolie ! Amenez-la !

BRICOLI.

Ici ?

LE PRINCE.

Sans doute ! Il fait assez jour pour la voir : voyons-la...

BRICOLI.

Je la traîne aux pieds de Votre Altesse !

LE PRINCE, vivement.

Non ! non !... ne traînez pas !... Je vous défends de traîner !..

BRICOLI.

C'est une façon de parler, monseigneur. — La voici !

SCÈNE IX.

Les Mêmes, EVA, Deux Gardiens.

EVA, gaiement, au fond, une rose à la main.

Alors, tout de bon, on m'arrête pour une rose? (Mouvement de surprise du prince et d'André.)

LE PRINCE.

Cette voix?...

EVA, au fond.

J'offre de payer, arrangeons-nous! — Combien la rose?

LE PRINCE, la reconnaissant.

Mistress Blounth!

EVA, de même, descendant gaiement.

Mon Dieu!... oui.

CARLE, bas, à André.

Une Anglaise?

ANDRÉ, de même.

Une Américaine.

LE PRINCE.

Vous, madame!... Grand Dieu!... Comment vous faire oublier!... (A Bricoll.) Malheureux, arrêter madame!... Ou plutôt, non, non, non, ils ont bien fait!... (Prenant la main d'Eva, qu'il baise.) Grâce à eux, je vous tiens, cette fois, et pour long-temps!

EVA, gaiement, montrant sa rose.

Alors, c'est bien plus grave encore que je ne pensais!

LE PRINCE, lui offrant un siége.

Toucher à mes fleurs!... Je vous condamne à les cueillir ici toute votre vie!... Messieurs!... (Sottoboïo, Carle et André saluent et remontent pour sortir.)

EVA, à André.

Monsieur de Mora ne reconnaît pas une vieille amie?... (Elle lui tend la main.)

ANDRÉ.

Oh! si, madame. (Il lui baise la main.)

LE PRINCE, surpris.

Vous connaissez monsieur?

EVA.

De Naples, oui!... où nous nous sommes vus souvent l'hiver dernier!

LE PRINCE, avec une nuance de jalousie, suivant des yeux André, qui sort avec Carle.

Ah! il est plus heureux que moi.

SCÈNE X.

LE PRINCE, EVA.

EVA, assise sur le canapé.

Toujours galant, donc, monseigneur?

LE PRINCE, debout.

Galant avec vous... quel mot!... Dites toujours épris,.. toujours amoureux, amoureux fou!

EVA.

Après deux ans?

LE PRINCE.

Deux ans où votre souvenir n'a cessé d'être présent à mes yeux. Depuis le jour où, désespéré de vos rigueurs, j'ai quitté Paris pour vous fuir... je puis vous le jurer... voici le premier instant où mon cœur s'épanouit à l'aise!... Ah! Dieu, que je suis heureux!... Ah! que je suis donc heureux de vous voir!

EVA.

Eh bien, moi, franchement, sans y mettre tant de chaleur, j'ai vraiment le plus grand plaisir à vous tendre la main...

LE PRINCE, s'asseyant près d'elle sur une chaise.

Voilà une bonne parole, au moins. Et vous étiez à Monaco, dans mon jardin, et sans ces maladroits!...

EVA.

Oh! pour cela, oui; arrivée cette après-midi, j'étais bien résolue à partir demain.

LE PRINCE.

Sans me voir?

EVA.

Eh! sans doute!.. L'attention que Votre Altesse a bien voulu me prêter à Paris, où le hasard nous fit rencontrer...

LE PRINCE.

A l'ambassade d'Angleterre!... Ah! quelle soirée! Elle a empoisonné toutes les joies de ma vie.

EVA.

L'attention donc que vous avez bien voulu me prêter, sous l'influence de ce poison, n'a pas été sans faire naître quelques propos.

LE PRINCE.

Tout à mon ridicule, grand Dieu, et à votre louange...

EVA.

Bon!... mais j'étais mariée, alors, et depuis que je suis veuve!...

LE PRINCE.

Veuve!... M. Blounth?...

EVA.

Il y a dix-huit mois qu'il n'est plus de ce monde...

LE PRINCE.

Et je l'apprends?...

EVA.

Je l'ai perdu à Naples, où les médecins de Paris l'avaient envoyé, en désespoir de cause!... Et si loin des nôtres!...

LE PRINCE.

Je n'ai pas besoin de vous dire quelle art je prends à ce fatal événement!

EVA.

Glissons sur cette part-là! — Pour moi, mariée très-jeune à un homme beaucoup plus âgé que moi, j'ai trouvé en lui le plus dévoué, le meilleur des maris; je lui dois huit années de l'existence la plus heureuse, et je ne saurais trop m'acquitter envers son souvenir, par la reconnaissance de toute ma vie.

LE PRINCE.

Si vous pensiez autrement, madame, vous ne seriez pas vous, c'est-à-dire celle à qui j'ai voué une estime qui n'a d'égale que mon amour...

EVA.

Très-malheureuse de cette triste fin et de mon isolement, j'ai passé deux hivers à Naples, sans pouvoir me résoudre à quitter cette ville, où je laissais derrière moi tout mon passé;... mais enfin, la vie a ses exigences, et, seule avec une femme de chambre, j'ai dû reprendre le chemin de Paris, par Florence, Gênes...

LE PRINCE.

Et Monaco, où vous restez!... On ne traverse pas mes États comme cela!

EVA.

Je les trouve délicieux, mais!...

LE PRINCE.

Moi, je les trouve odieux!... Aussi ne me priverai-je pas de la seule présence qui puisse m'en adoucir l'ennui!

EVA.

L'ennui?

LE PRINCE.

Mortel !

EVA.

Eh ! mon Dieu ! que me dites-vous là ?

LE PRINCE.

Tout de bon, madame, pensez-vous qu'un homme qui a passé, comme moi, les plus belles années de sa jeunesse à Paris; qu'un homme qui, permettez-moi de le dire, a le goût de toutes les élégances, et le prouve bien, en vous admirant,... passionné pour tous les arts, enragé de musique et fanatique de peinture... qu'un homme, enfin, Français... et pour mieux dire, Parisien dans l'âme, se résigne, sans combats, à s'ensevelir ici dans une vie de province qui n'a pas les attraits d'une sous-préfecture de second ordre ?... Là, voyons ?...

EVA.

Mais, raisonnons !... D'abord, vous êtes père... d'un fils ..

LE PRINCE.

Au collége, à Paris !...

EVA.

...Mais aussi d'une fille qui est ici ! Et charmante, m'a-t-on dit !...

LE PRINCE.

Oh ! adorable !.. Vous la verrez. — Sans elle, le spleen m'eût déjà tué !

EVA.

Eh bien, mais alors ?

LE PRINCE.

Eh bien !.. mais ma fille ne me suffit pas ! — Quand cette enfant m'a joué deux fois, au piano, la partition nouvelle, cela ne m'empêche pas de rêver Italiens, Opéra, et... ambassade d'Angleterre !

EVA.

Mais vous êtes très-malade !...

LE PRINCE.

Je vous le dis !

EVA.

Mais la principauté, voyons, c'est intéressant, cela, une principauté à conduire ?

LE PRINCE.

Ah! que l'on voit bien que vous débarquez!...

EVA.

Quoi! ce paradis sous les orangers?...

LE PRINCE.

...Et que vous ne connaissez pas le pays où fleurit l'oranger ! — Tenez, ne parlons pas politique...

EVA.

Mais, au contraire, parlons-en! — C'est donc si compliqué que cela, le gouvernement de Monaco ?

LE PRINCE.

Oh! c'est d'une simplicité, au contraire!... Ni ministère, ni chambre! Toute l'administration civile et militaire dans les mains d'un gouverneur, chef de cabinet et cabinet lui-même. — Et au-dessus de lui, moi!... C'est-à-dire un malheureux petit souverain, aplati entre deux gros voisins, qui n'hésitent que sur la sauce à laquelle ils dévoreront mes États... mais aussi garanti par cette gloutonnerie mutuelle, qui se neutralise...

EVA.

Bon !

LE PRINCE.

...Seulement, forcé par le traité de 1817 à tolérer une garnison sarde à Menton... laquelle me protége!...

EVA.

Eh bien?...

LE PRINCE.

Jusqu'à la première émeute qu'elle appuiera...

EVA.

Fi donc!

LE PRINCE.

Voilà tout! — Ceci établi, vous allez voir! — Je succède à mon frère Honoré V, et j'arrive ici, tout farci d'idées de liberté, de progrès, de réformes!..

EVA.

Oui!

LE PRINCE.

Et je commence par les *monacos!* Vous n'êtes pas sans avoir entendu parler des *monacos?*

EVA.

Les sous!

LE PRINCE.

Les sous!

EVA.

Mais oui, quand j'étais toute petite, on n'en voulait déjà plus!

LE PRINCE.

C'est bien ça! Et notez que ces sous-là valaient tous les autres. Mais les Français sont de terribles gens. Le premier à qui l'on en propose éclate de rire. Le reste fait chorus... Et voilà tous nos sous qui nous rentrent, avec une vague odeur de fausse monnaie! — Or, vous comprenez qu'un bruit pareil!

EVA.

Oui, cela ne pose pas très-bien une dynastie.

LE PRINCE.

Je supprime donc les *monacos! le monopole du pain*, etc., etc. Bref, je réforme, je perfectionne, j'épure! — On grogne!

EVA.

Naturellement!

LE PRINCE.

Mais je tiens bon! — Arrive la malheureuse affaire des olives!

EVA.

Des olives?

LE PRINCE.

Mon Dieu, je vous demande pardon; je vous conte là mes petites histoires! —

EVA.

Mais non, mais non. — Allez donc; c'est très-intéressant cette cuisine locale. — Donc les olives?

LE PRINCE.

Donc les olives, ou pour mieux dire, l'huile est la richesse du pays. Mais nous la fabriquons si mal par de vieux procédés, qu'elle ne vaut pas celle de Provence... Je fais venir deux moulins anglais admirables... et j'invite tous mes sujets à m'envoyer leurs olives pour les moudre... On crie à l'*arbitraire!* J'achète leurs olives pour fabriquer moi-même!... On crie au *monopole!* — Je supprime les moulins! et remets tout dans l'état primitif. — On crie à la *routine!*

EVA.

Oh! oh!

LE PRINCE.

Je renonce aux réformes industrielles!...

EVA.

Je le crois!...

LE PRINCE, debout.

Et de ce jour date, entre mes sujets et moi, une petite lutte sourde, qui en est venue tout doucement à l'état d'hostilité féroce!

EVA, debout.

Féroce?

LE PRINCE.

Vous avez certainement vu de ces mauvais ménages où l'un ne fait rien que l'autre n'y trouve à redire! L'un, c'est moi : l'autre, c'est mon peuple. — Tous mes actes sont appréciés, dénaturés, travestis avec un art!... Exemples : — Je me promène!... « J'ai donc bien des loisirs! » — Je ne me promène pas!... « J'ai peur de me montrer!... » — Je donne un bal!... « ... Luxe effréné! » — Pas de bal!... « Quelle avarice! » — Je passe une revue!... « Intimidation militaire!... » — Je n'en passe pas!... « ... Je crains l'esprit des troupes!... » — Des pétards à ma fête!... « ... L'argent du peuple en fumée!... » — Pas de pétards!... « ... Rien pour les plaisirs du peuple. » — Je me porte bien! « ... L'oisiveté! » — Je me porte mal! « ... La débauche! » — Je bâtis!... « Gaspillage! » — Je ne bâtis pas!... « Et le prolétaire?... » — Enfin, je ne puis plus ni manger, ni dormir, ni veiller à ma guise, que tout ce que je fais ne soit proclamé détestable, et tout ce que je ne ais pas,... encore pire!...

EVA.

Mais ce n'est pas une vie, cela!

LE PRINCE.

Ah! le métier est bien gâté!...

EVA.

Mais voyons!... Il vous reste bien quelques amis!

LE PRINCE.

Oh! Si peu!... La bourgeoisie, et encore?... — Rien ne l'amuse comme de taquiner son gouvernement!... Que quelqu'un travaille à le démolir... Ah! Dieu, c'est une joie! Elle donnera son petit coup de pioche au besoin; quitte à s'apercevoir, quand tout s'écroule... que la première écrasée, c'est elle!... — Ce pays est comme son voisin, il ne connaît que deux procédés, l'absolue routine... ou le bouleversement!... Quand il sort de l'ornière, c'est pour faire sauter la route!... L'aplanir... jamais!...

EVA.

Et vous prenez tout cela gaiement?

LE PRINCE.

Qu'y faire? Tenez, chère missess, voyez-vous là-bas ce petit toit rouge?

ACTE PREMIER.

EVA.

Qui gâte le paysage?

LE PRINCE.

Justement. — Eh bien, c'est le volcan qui fera tout sauter!

EVA.

Ça!

LE PRINCE.

Une brasserie! où tout s'élabore et se tripote contre moi! Placée au pied de mon palais, cette bicoque le mine, le ronge. Et *ceci* tuera *cela!*

EVA.

Une brasserie?

LE PRINCE.

Oh! ce n'est plus une brasserie! c'est tout un monde!... Le monde nouveau! — Mais pardon, j'oublie que je parle à une citoyenne de la libre Amérique... qui s'honore d'être républicaine!

EVA.

Oh! mais en Amérique, oui; mais ici, non! — Pour l'honneur de mon pays, je n'admets pas la comparaison : et votre vieux monde a des façons de comprendre la liberté, qui ne ressemblent pas aux nôtres... heureusement pour nous!...

LE PRINCE.

Vous avez raison, citoyenne! — Aussi bien, tout ce qui vit là n'est bon qu'à déshonorer le drapeau qu'il prétend servir! C'est l'égout commun où le ruisseau de la rue verse tous les appétits malsains et toutes les rancunes inassouvies; là, vient baver son fiel, vomir sa haine et se gargariser d'ardentes convoitises, tout ce qui s'en prend à l'ordre social des déceptions de son orgueil, et des avortements de son impuissance!... Là, trône et travaille pour la galerie le plus joli bateleur de phrases!... Un avocat, Rabagas!... Jovial, bon garçon, et grand tarisseur de chopes, celui-là sait tout, et, sur toute chose, a son petit discours monté, comme un feu d'artifice, qui s'allume avec sa pipe et part, à la grande joie des badauds, pour qui ses chandelles romaines sont autant de lumières! —Groupez autour de ce dangereux bavard tous les fruits secs, tous les avortés et tous les mort-nés!... L'avocat sans cause et le médecin sans client, l'auteur sifflé, le commis chassé, le fonctionnaire expulsé et l'officier cassé, un banqueroutier, trois faillis, deux escrocs, un utopiste, sept imbéciles et huit ivrognes, et vous avez tout justement la composition du *Crapaud-Volant,* qui représente à *Monaco* le progrès, la lumière et la liberté... à la condition que l'un leur permettra de tout dire, l'autre de tout faire, et la troisième... de tout empocher!

EVA.

Et c'est Rabagas?...

LE PRINCE.

Qui mène tout!... Plus puissant que moi, d'ailleurs! Il a son journal, ses courtisans, sa police, ses troupes!...

EVA.

Mais vous aussi!

LE PRINCE.

Quatorze gardes, traité de 1817, et vingt gendarmes, par tolérance.

EVA, faisant la moue.

Comme armée!

LE PRINCE.

D'ailleurs, je ne suis pas un enragé de pouvoir, moi, tant s'en faut! Rester ici pour y faire le plus de bien possible, d'accord!... corriger, réformer (et tout est à réformer!) bon!... Mais si les aboyeurs de progrès le rendent impossible par leurs violences... si je ne puis donner ça de liberté, que le *Crapaud-Volant* ne prenne ça de licence... j'aime mieux en finir tout de suite par un bon coup d'État!

EVA.

Qui est?

LE PRINCE.

Mes malles!... Monaco libre, et Rabagas président!...

EVA.

Vous seriez bien vengé! Mais quelle plaisanterie!

LE PRINCE.

Du tout! Sérieusement, j'y pense.

EVA.

Fuir un avocat?

LE PRINCE.

Politique... Je crois bien, la pire engeance qui soit!

EVA.

Et qui pullule!

LE PRINCE.

Naturellement! Quand une civilisation est vermoulue, l'avocat s'y met! — Tous les grands peuples, Athènes, Rome, ont fini par ces travailleurs de la langue!... Où l'homme d'action disparaît, le rhéteur surgit! C'est l'heure des belles paroles et des vilains actes, des petits faits et des grands mots!... Et tandis que Byzance discute pour un adverbe de plus ou de moins; silencieusement venus dans l'ombre, voici les Turcs à la porte... qui agissent et ne parlent pas!...

SCÈNE XI.

LES MÊMES, BRICOLI.

LE PRINCE.

Qu'est-ce?

BRICOLI.

Monseigneur, c'est le cafetier de là-bas!

LE PRINCE.

Camerlin?

BRICOLI.

Qui demande à parler à Votre Altesse. Dois-je?...

LE PRINCE.

Oui, oui. (Bricoll sort.) Voici un de la bande, missess. Vous allez juger l'espèce. (Camerlin paraît, entré par l'escalier du fond.) Qu'il entre, ce bon M. Camerlin, qu'il entre! (Il s'assied sur la chaise à droite, Eva sur le canapé.)

SCÈNE XII.

Les Mêmes, CAMERLIN.

LE PRINCE.

Bonjour, voisin.

CAMERLIN, saluant.

Mons... (Avec peine.) Monseigneur!

LE PRINCE, souriant et soulignant, à Eva, à demi-voix.

J'attendais *monsieur*... (Haut.) Asseyez-vous, monsieur Camerlin. (Camerlin le regarde, surpris.) Asseyez-vous donc! Il n'y a pas d'oubliettes là-dessous, je vous assure!

CAMERLIN, à lui-même, regardant à terre, sans trop d'assurance.

Hum!... (Il s'assied sur le fauteuil de jardin, à gauche.)

LE PRINCE.

Qu'avez-vous à me dire, voyons? (Bas, à Eva.) Écoutez ça!

CAMERLIN.

Mons... monseigneur, vos agents ont tout à l'heure envahi mon domicile.

LE PRINCE.

Envahi! Diable!... Ils étaient?

CAMERLIN.

Deux!

LE PRINCE.

Deux!

CAMERLIN.

Qui m'ont menacé de fermer mon établissement!... Or, je fais honnêtement mon métier!... Et tout le monde ne peut pas en dire autant!

LE PRINCE.

Pardon, monsieur Camerlin, ce n'est pas pour moi que vous dites ça?

CAMERLIN, avec hésitation.

Non!...

LE PRINCE.

Merci!

CAMERLIN.

Mais pour ceux qui vous entourent.

LE PRINCE.

Mon Dieu, voisin, ils font leur métier, comme vous le vôtre. Vous ne vendez pas toujours de bonne bière : ils ne débitent pas toujours de bons conseils!... Que voulez-vous, il faut bien que tout le monde vive!

CAMERLIN.

Pardon, mais je ne m'occupe pas de ce qui se passe chez eux, moi!...

LE PRINCE.

Si, quelquefois... dans la *Carmagnole*.

CAMERLIN, vivement.

Ah! mais comme journaliste! C'est la liberté de la presse, ça!...

LE PRINCE.

En êtes-vous bien sûr?

CAMERLIN.

D'ailleurs, nous nous égarons. Ce n'est pas le journaliste qui est en cause, c'est le cafetier. On nous reproche de chanter la nuit.

LE PRINCE.

Si ce que l'on chante est injurieux pour moi!

CAMERLIN.

Alors, on ne peut pas critiquer le gouvernement?

LE PRINCE.

Oh! Si! Il est là pour ça! — Mais poliment!... Et ces saletés que vous jetez sur ma terrasse... Est-ce encore l'exercice de quelque liberté? Et si je faisais vider chez vous tous les paniers?...

CAMERLIN, l'interrompant.

Oh! mais pardon! je n'admets pas la comparaison. — Je suis un simple particulier, moi! — Vous, vous êtes le gouvernement. — Ce n'est pas la même chose!

LE PRINCE.

Alors, parce que je suis le gouvernement, vous avez le droit de me chanter des injures, et de jeter vos ordures dans mon jardin?

CAMERLIN.

Naturellement! — Tout ça, c'est de l'opposition.

LE PRINCE.

Elle n'est pas propre!

CAMERLIN.

Elle est ce qu'elle peut! — C'est l'inconvénient des situations fausses! Votre situation est fausse!

LE PRINCE.

Bah!

CAMERLIN.

Oh! mais oui! Personne ne vous dit la vérité, mais, voyez-vous, la nation ne veut plus de vous. Et on va vous faire un de ces quatre matins une petite révolution!

LE PRINCE.

Pourquoi faire?

ACTE PREMIER.

CAMERLIN.

Pour la faire, tiens! — Tous les pays ont eu la leur,... excepté nous! Il faut bien que Monaco ait la sienne.

LE PRINCE.

Et qu'est-ce qu'il y gagnera, Monaco?

CAMERLIN.

De supprimer tous les abus.

LE PRINCE.

Lesquels?

CAMERLIN.

Oh! bien! par exemple, cette armée que vous entretenez!

LE PRINCE.

Vingt-quatre hommes! Monsieur Camerlin...

CAMERLIN.

Et l'agriculture manque de bras!... Quand vous aviez une bonne garde nationale!

LE PRINCE.

Vous refusiez tous de monter la garde!

CAMERLIN.

Si un citoyen n'est pas libre de monter sa garde quand ça lui plaît! (Debout.) Tenez, Monseigneur, brisons-là. Vous raisonnez en prince : moi en homme; nous ne nous entendrons jamais!

LE PRINCE, debout, se contenan'.

Je le crains!

CAMERLIN.

Mais voilà mon dernier mot : Qu'on ose fermer mon établissement... Il y aura du bruit dans Monaco!

LE PRINCE, même jeu.

Monsieur Camerlin, je vous ferai remarquer que c'est vous qui menacez!

CAMERLIN, insolemment.

Ah! c'est que je suis révolté!...

LE PRINCE, s'échauffant.

Nous allons nous fâcher, prenez garde.

CAMERLIN.

Jamais on ne me verra plier devant la tyrannie!

LE PRINCE, de même.

Mais, ventre de loup! Vous êtes bien heureux que je sois un tyran! Si j'étais un simple particulier, vous seriez déjà chez vous par la balustrade!

EVA, le modérant.

Monseigneur!

LE PRINCE, calmé.

Pardon; c'est vrai! allons, monsieur Camerlin, brisons-là comme vous dites! Et tenez-vous pour bien averti!

CAMERLIN, avec dignité.

Oui, *monsieur!*

LE PRINCE, se modérant et souriant.

Bonsoir, *citoyen!*

CAMERLIN, à lui-même.

C'est égal! je lui ai dit son fait! (Il sort vivement par où il est venu.)

SCÈNE XIII.

LE PRINCE, EVA, puis BOUBARD, LE CAPITAINE DE VINTIMILLE, SOTTOBOIO et BRICOLI.

LE PRINCE.

Eh bien! Missess?

EVA.

Vous en avez beaucoup comme ça?

LE PRINCE.

Tout le petit commerce! (Voyant venir les autres.) Maintenant, autre chanson. Écoutez!

LE CAPITAINE.

Son Altesse m'a fait appeler?

LE PRINCE.

Vous savez ce qui se passe?

LE CAPITAINE.

M. le gouverneur m'a instruit!

LE PRINCE.

Menton agité, Monaco fébrile, et le *Crapaud-Volant* plus insolent que jamais! Le Rabagas nous prépare quelque plat de son métier!

BRICOLI.

Il est à Nice, monseigneur! pour un procès politique.

LE PRINCE.

Ah!

BRICOLI.

Jusqu'à demain seulement.

LE CAPITAINE.

Si Son Altesse veut me permettre un avis, ne l'attendons pas! je cerne la brasserie, j'enlève tout, je rase la baraque... et morte la bête, mort le venin!

LE PRINCE.

Votre avis, gouverneur?

SOTTOBOÏO.

Le même!... Seulement, j'y ajouterai une charge de cavalerie... à fond de train!... dans toutes les rues!

LE PRINCE.

Désertes, pourquoi faire?

SOTTOBOÏO.

Ça fait bien !

LE PRINCE.

Et vous, Bricoli ?

BRICOLI.

Moi, j'arrêterais tout !

LE PRINCE.

Et le colonel ?

BOUBARD.

Je tuerais le reste !

LE PRINCE, à Eva.

Voilà les conservateurs ! (haut.) Alors, tous pour la violence ?

LE CAPITAINE, SOTTOBOÏO, BRICOLI.

Tous, monseigneur !

SOTTOBOÏO

Et il n'est que temps ! (Ils se tiennent tous trois au second plan délibérant, pendant ce qui suit.)

LE PRINCE.

Des charges de cavalerie, des arrestations, la bataille !... Allons ! allons, je reviens à mon idée ! Les malles !

EVA.

Partir !

LE PRINCE.

Un entre-sol à Paris, au boulevard Italien : nous ferons de la musique ensemble, j'aime cent fois mieux ça !

EVA.

Abdiquer ?... Allons donc ! Est-ce qu'on abdique ?

LE PRINCE.

C'est une Américaine qui parle ?

EVA.

Oh ! mais d'abord avant d'être Américaine. je suis femme !

— Je ne vous admets pas fuyant devant Rabagas. — Tout, excepé le ridicule.

LE PRINCE.

Je cède au progrès!

EVA.

Eh! le progrès à Monaco! C'est vous! — Voyez-vous une république de Camerlins! Fi! l'horreur! des républicains pareils... Ah! mais non, j'aime trop la liberté!

LE PRINCE.

Alors! (On entend tout à coup du côté de la brasserie un orchestre composé de jouets d'enfants, exécutant un charivari.) Qu'est-ce que c'est que ça?

EVA.

C'est un charivari!

SCÈNE XIV.

Les Mêmes, CARLE, ANDRÉ.

LE PRINCE.

A mon adresse?

EVA.

Ils sont artistes, ces Italiens! C'est la petite symphonie de Romberg. (La musique cesse.)

SOTTOBOÏO.

Eh bien! monseigneur, vous voyez?

LE PRINCE.

Ah! c'est trop d'audace!... Vous avez raison, messieurs... Et puisqu'ils m'y forcent... Capitaine, vos hommes... vite!

LE CAPITAINE, vivement.

Oui, monseigneur! (Il donne des ordres à Carle et à André.)

EVA, le prenant à part.

Qu'allez-vous faire?

LE PRINCE.

Ce qu'on désire... Enlever tout et raser!

EVA.

Autre folie!

LE PRINCE.

Mais, voyons, missess... entendons-nous; vous ne voulez pas que je parte?

EVA.

Non!

LE PRINCE.

Alors, vous voulez que je sévisse?...

EVA.

Non!

LE PRINCE.

Alors, qu'est-ce que vous voulez?

EVA.

Je veux que vous teniez tête, mais par d'autres moyens que ceux-là.

LE PRINCE.

Mais enfin, la politique n'a pas tant de ressources!...

EVA.

Alors, c'est qu'elle radote!... Quoi! tout se perfectionne et se rajeunit, et elle en serait encore à ses vieux moyens!... Allons, ce n'est pas possible; il doit y avoir quelque chose de neuf!

LE PRINCE.

Mais non!

EVA.

Si!

LE PRINCE.

Non!

EVA.

Alors, inventons!

ACTE PREMIER.

LE PRINCE.

Et quoi ?

EVA.

Que sais-je?... Ce n'est pas mon affaire, à moi... Je suis femme... mais j'ai l'instinct!... Et au point de vue artistique... c'est affreux, votre procédé... Arrêter des gens, là, brutalement! comme c'est distingué!... Ayez donc l'esprit parisien!

LE PRINCE.

Et que voulez-vous que l'esprit?...

EVA.

Quoi! cela ne vous séduirait pas d'embrouiller si bien les gobelets de ce saltimbanque, qu'il ne se retrouvât plus dans ses muscades? Mais ce serait joli, ça, ce serait piquant, ce serait drôle !

LE PRINCE.

Très-drôle!... mais politique de femme.

EVA.

Pas si sotte... Ne jamais aborder l'obstacle, mais le tourner !...

LE PRINCE.

Oh!... je le connais.

EVA.

Eh bien! tournons !

LE PRINCE.

Je vous entends!... Au lieu de mettre le feu aux poudres!...

EVA.

Les noyer !

LE PRINCE.

Eh bien! écoutez, missess... va pour la politique féminine!... Mais à une condition... dictez-la!

EVA.

Moi !

LE PRINCE.

Oui!

EVA.

Quelle folie!

LE PRINCE.

Point. Vous avez le sentiment de la situation... moi pas. — Éclairez-moi!

EVA.

Allons, vous raillez

LE PRINCE.

Du tout! Si vous m'abandonnez à moi-même, je fais quelque acte de vigueur, qui est une sottise! Collaborons, au contraire!... Mes soldats vont se coucher, et nous commençons dès demain une petite partie d'adresse!...

EVA.

Allons, je suis bien fâchée de m'être laissée entraîner!...

LE PRINCE.

Prenez garde, madame, mon sort est dans vos mains, et si, par suite de ce que je vais faire tout à l'heure, je croule!... je le mets sur votre conscience.

EVA.

Ah! mais, vous êtes un traître, monseigneur!

LE PRINCE.

Est-ce dit?

EVA.

Non! Je ne peux vraiment pas!

LE PRINCE.

Alors! capitaine!...

EVA, vivement.

Attendez! — Quoi, vous me ferez responsable?

LE PRINCE.

De tout!

EVA.

Mais, voyons... une femme!

LE PRINCE.

Oui, mais quelle femme!...

EVA.

Il faut donc que je reste?

LE PRINCE.

Au palais!

EVA.

Chez vous?

LE PRINCE.

Dame!

EVA.

Ah! bien, non, non, aussi!... Vous en voulez trop!

LE PRINCE.

Vous voulez que je laisse mon chef de cabinet à l'auberge?

EVA.

Mais comment donc! le joli rôle que vous me proposez là!

LE PRINCE, protestant.

Ah! permettez!

EVA.

Mais, de bonne foi, à quel titre?...

LE PRINCE, vivement.

Quel? — J'en ai un!...

EVA.

Ah!

LE PRINCE.

Excellent! admirable! Je vous fais dame du palais!

EVA.

Comme ça!...

LE PRINCE.

Comme ça! Et par conséquent gouvernante de ma fille!... Ah! missess, cette fois, il faut céder! Pas d'emploi plus honorable... que je puisse confier à de meilleures mains!... Trouvez encore une excuse!

EVA.

Je sais que la présence de la princesse concilie bien des choses!...

LE PRINCE.

Tout! — Le même appartement!

EVA.

Ce qui n'empêchera pas la médisance!...

LE PRINCE.

Tâchez de l'arrêter!

EVA.

Mais quinze jours, alors! pas plus!

LE PRINCE.

Mettons trente!

EVA.

Non, non, quinze!

LE PRINCE.

Alors, ce n'est pas la peine! (Haut.) Capi...

EVA.

Mais n'appelez donc pas!... Dieu! que vous m'agacez avec vos soldats! Je cède encore!... Va pour un mois!...

LE PRINCE.

Ah! missess! je vous tiens, cette fois!...

EVA.

Chut!... on regarde!...

LE PRINCE, apercevant la princesse et allant à elle.

Ma fille!

EVA, à elle-même.

Allons, me voilà enrôlée dans la diplomatie!

SCÈNE XV.

Les Mêmes, GABRIELLE, MADEMOISELLE DE THÉROUANE, LA BARONNE, Dames, Valets
avec des candélabres.

LE PRINCE.

Venez saluer, princesse, votre nouvelle gouvernante, mistress Blounth... qui veut bien accepter de nous les fonctions de dame du palais!

GABRIELLE, à Eva.

Madame... voulez-vous me permettre de vous embrasser?

EVA, s'inclinant.

Princesse...

LE PRINCE, au capitaine.

Capitaine! vous pouvez renvoyer vos hommes...

LE CAPITAINE, SOTTOBOÏO et BRICOLI, déçus.

Ah!

LE PRINCE[1].

J'ai changé d'avis (Gabrielle et Carle échangeant un regard, que surprend Eva.)

EVA.

Tiens!

LE PRINCE.

Missess, voici la nuit close! Si vous voulez bien accepter mon bras...

EVA, lui désignant Carle.

Pardon! Qu'est-ce que ce jeune homme-là?...

---

1 Bricoli, Sottoboïo, le capitaine, au fond. — Le prince, Eva, Gabrielle, Carle, au-dessus du canapé.

LE PRINCE.

Mon neveu... par la défunte princesse.

EVA.

Ah!...

LE PRINCE.

Pourquoi?

EVA.

Rien!

CARLE, bas à Gabrielle, en passant près d'elle [1].

Cette nuit?

GABRIELLE.

Oui!

EVA, qui a surpris l'aparté de Carle et de Gabrielle. A elle-même.

C'est ça! (Au prince, prenant son bras.) Monseigneur! (Le charivari recommence.) Ah! seconde édition!...

LE PRINCE.

Et on dit que la musique adoucit les mœurs! (Ils remontent.)

BRICOLI, les suivant des yeux.

Déception! Monaco tombe en quenouille! (La toile tombe, tandis que le charivari continue.)

[1] Le prince, Eva, Gabrielle, Carle.

ACTE DEUXIÈME

Le bureau de la *Carmagnole*, au *Crapaud-Volant*. — Salle au premier. — Au fond, au milieu, porte vitrée communiquant avec le billard de l'estaminet. — A gauche, pan coupé, fenêtre donnant sur une petite terrasse ornée de vignes et de pots de grès, et d'où l'on domine la campagne. — Au premier plan, même côté, porte huileuse et grasse, par où l'on descend à l'imprimerie. — A droite, pan coupé, porte d'entrée. — Même côté, premier plan, canapé d'osier, ratelier de pipes. — Grande table sur la droite de la scène, couverte de journaux, livres, etc. — Canapé de cuir à gauche. — Au fond, entre la porte d'entrée et celle du billard, une espèce de chiffonnier, surmonté d'une tirelire. — Au-dessus, un buste de conventionnel. — Contre les murs, caricatures, affiches, etc. — Sur la porte vitrée du billard, une inscription où l'on ne distingue que les mots *Dieu* et *cinquante centimes*.

SCÈNE PREMIÈRE.

CAMERLIN, Un Garçon, Une Servante,
qui achève d'épousseter, puis Un Petit Vieux.

CAMERLIN, assis sur le bord de la table et découpant des journaux avec des ciseaux.

Allons, allons, vite donc, le grand homme va nous arriver... j'espère que son déjeuner est prêt !...

LA SERVANTE.

Oui, patron !...

CAMERLIN.

Bien.

LE PETIT VIEUX, entrant, au garçon.

Le bureau de la *Carmagnole*, s'il vous plait ?

CAMERLIN.

Qu'est-ce que c'est encore?... On ne peut pas travailler tranquillement à son journal?

LE PETIT VIEUX, timidement, glissant entre la table et le mur.

Je voudrais parler au citoyen Rabagas? [1]

CAMERLIN.

Oh! mais, on ne parle pas au citoyen Rabagas comme ça! Vous avez une lettre d'audience?

LE PETIT VIEUX, humblement.

Je n'ai pas ce bonheur!

CAMERLIN, radouci par son humilité.

Le grand homme est à Nice où il plaide pour un de nos frères. (Avec bonté.) Mais parlez-moi, comme à lui! c'est la même chose!

LE PETIT VIEUX, lui présentant une brochure.

C'est un petit ouvrage, dont je voudrais que la *Carmagnole* rendît un compte favorable.

CAMERLIN, prenant le livre.

« *Guide-Manuel de l'Insurgé!* » — Bon titre!...

LE PETIT VIEUX, tremblant d'émotion.

C'est l'œuvre de toute ma vie, citoyen, et l'épigraphe vous en dira l'esprit!...

CAMERLIN, lisant.

« Le mépris de la loi, et le renversement des institutions établies, sont le premier devoir de l'homme libre. » Parfait! Excellents principes!...

LE PETIT VIEUX, radieux.

Je puis donc espérer?

CAMERLIN.

Je ferai le compte rendu moi-même, citoyen... (Avec un geste

---

[1]. Camerlin, le petit vieux.

pour le congédier.) Salut et f...raternité! (Aux garçons.) Allons!
allons, vite donc!... Je le sens qui nous arrive!

SCÈNE II.
CAMERLIN, BIGORRO.

BIGORRO, entrant essoufflé, un album à la main.

Oui, oui, dépêchez!... car il est sur mes talons!

CAMERLIN.

Vous l'avez vu?

BIGORRO[1].

Et entendu, à Nice!... où il a plaidé!... un succès!... un triomphe!...

CAMERLIN, radieux, lui serrant la main avec effusion.

Excellent ami!... Au fait, qui êtes-vous?

BIGORRO.

Bigorro!... artiste sculpteur!... qui sollicite l'honneur de faire son buste!... Et vous?

CAMERLIN.

Camerlin, son ami, ci-devant frère Joseph...

BIGORRO.

Un défroqué, bravo!

CAMERLIN.

Rédacteur de la *Carmagnole,* et propriétaire du *Crapaud-Volant!*

BIGORRO, regardant autour de lui.

Mes compliments!

CAMERLIN.

Un établissement, citoyen, qui ne faisait pas cinquante francs

---

1. Bigorro, Camerlin.

d'affaires par jour, quand il n'avait pour clientèle que les gens du château !... Et qui dépasse les trois cents, depuis qu'il est le quartier général de la démocratie !

BIGORRO, buvant une chope apportée par le garçon.

Parbleu !

CAMERLIN[1].

En bas le café, ici, le journal... Là l'imprimerie ! et dans tout ça, on discute, on crie !... Et plus on crie, plus on boit !... Et plus on boit, plus on boit !... Et le Valentinois espère lutter !

BIGORRO.

L'imbécile !

CAMERLIN.

Je le lui ait dit hier : Vous serez avalé comme une chope !

BIGORRO.

Et il vous a répondu ?

CAMERLIN.

En m'offrant un cigare !

BIGORRO.

La peur !

CAMERLIN.

Comme tous les tyrans, quand ils sont en face d'un caractère !...

SCÈNE III.

CAMERLIN, BIGORRO, VUILLARD.

Vuillard entre par la porte de l'imprimerie, voûté, crasseux, un pince-nez, des épreuves à la main.

CAMERLIN, à Bigorro.

Vuillard, un de nos rédacteurs. (A Vuillard.) Un frère ! un pur... des purs ! fanatique du grand homme !

1. Camerlin, Bigorro.

VUILLARD, aigrement.

Qui ça, le grand homme?

BIGORRO, vivement.

Rabagas!

VUILLARD, haussant l'épaule.

Grand homme!... Allez donc, tout de suite! Parce qu'il blague pas mal!... (Il va à la table reviser les épreuves).

BIGORRO, interloqué.

Mais il me semble que la patrie doit être fière!...

VUILLARD[1], à la table, sans le regarder.

Des grands hommes!... Il n'en faut plus!... Ça choque l'égalité.

BIGORRO, interloqué.

Ah!

VUILLARD, haussant les épaules et redescendant.

Quel métier est-ce que vous faites?

BIGORRO.

Sculpteur!

VUILLARD.

Voilà encore quelque chose de malsain!

BIGORRO.

La sculpture?

VUILLARD.

Tous les arts!... Ça pousse à la corruption!...

BIGORRO, saisi.

Ah!

VUILLARD.

Alors vous faites des statues?

BIGORRO, ahuri.

Dame!

---

1. Vuillard, Bigorro, Camerlin.

VUILLARD.

Des hommes en pierre !... Comme c'est utile !... J'aime mieux un bon ouvrier, qui me fait un bon gros enfant bien portant !...

CAMERLIN.

Ça a son mérite aussi,... pourtant !...

BIGORRO.

Une belle statue de héros !...

VUILLARD.

En marbre, pas vrai ?

BIGORRO.

Quand on peut !...

VUILLARD, haussant l'épaule.

Misère, va !.. Il ne nous manque plus que de recommencer le siècle de Louis XIV !... (Il retourne à la table.)

BIGORRO, bas à Camerlin.

Pas aimable, celui-là !

CAMERLIN, à demi-voix.

Un ex-pion aigri par la lutte !... C'est un homme aigri !... (Clameurs dehors.)

BIGORRO.

Ces cris ?

CAMERLIN.

C'est lui !...

VOIX DEHORS.

Vive Rabagas ! (Le billard du fond se garnit des consommateurs d'en bas.)

SCÈNE IV.

Les Précédents, CHAFFIOU, NOISETTE, puis RABAGAS, Le Petit Vieux, Gens du Café et de l'Imprimerie, arrivant par toutes les portes.

NOISETTE, accourant.

Tout le monde su' l'pont !

1. Bigorro, Camerlin, Vuillard.

ACTE DEUXIÈME.

CHAFFIOU, en manches de chemise, sa queue de billard à la main.

En avant les queues de billard ! (Ils imitent, avec les queues de billard, les tambours qui battent aux champs. — Rabagas paraît au fond, habit noir, cravate blanche, sa serviette d'avocat sous le bras. A sa vue l'enthousiasme éclate, Vuillard seul se tient à l'écart, avec mépris. Tout est plein de monde.)

CAMERLIN.

Un ban pour Rabagas !

TOUS.

Hip !... hip !... hip !... hurrah !... Vive Rabagas !...

RABAGAS.

Mes amis !... mes frères !... (Avec force.) Citoyens !

CHAFFIOU, tout seul, applaudissant, en hurlant.

Bravo !

RABAGAS.

Vous me comblez !

CHAFFIOU.

Sur la table. (On enlève Rabagas que l'on porte sur la table, tous se groupent autour de lui, assis ou debout pour écouter. — Bigorro croque son profil.)

TOUS, applaudissant.

Bravo ! bravo !...

RABAGAS.

Citoyens !...

TOUS.

Chut !... Silence !... Écoutez !...

RABAGAS, debout sur la table, continuant.

En disputant au bourreau la tête de Bézuchard !... Je n'ai fait que mon devoir !...

VOIX.

Écoutez !... Silence donc !..

RABAGAS.

Fils d'un père assassin... Assassin lui-même !... Membre déshérité de l'ordre social, et doué par la nature d'instincts malfaisants et féroces... Bézuchard avait droit à tout mon appui.... Et là où la justice me dénonçait un meurtrier, je n'ai dû voir et je n'ai vu qu'une victime !... (Murmures d'approbation). Peu m'importait que Bézuchard eût tué un vieillard à coups de sabots... Le vrai coupable, ce n'est pas Bézuchard... (Non ! non !) C'est la nature qui lui a donné les appétits du tigre !... (C'est ça.) C'est une société marâtre, où le malheureux, doué de tous les instincts de l'assassinat, ne trouve pas un utile emploi de ses facultés destructives !

TOUS.

Bravo ! bravo !

RABAGAS.

Et enfin, citoyens, qu'était ce vieillard assommé ?... Un garde-champêtre !... (Murmures de mépris.) Un de ces agents d'une autorité tracassière, qui ne voient dans le mandat qui leur est confié qu'une occasion de vexer les citoyens !... (Oui ! oui !) Dès lors, ce prétendu crime n'était même plus de délit commun !... Il prenait un caractère politique, qui plaidait d'avance les circonstances atténuantes.—Non ! assommer un garde-champêtre, ce n'est pas assommer un homme !... C'est écraser un principe !

TOUS.

Oui ! oui !

RABAGAS.

Ce système a triomphé !... Bézuchard est acquitté ! Il est libre !...

TOUS.

Ah !

RABAGAS.

Et si ce succès m'inspire un légitime orgueil, ce n'est pas que je l'attribue à ma faible éloquence !

ACTE DEUXIÈME.

TOUS.

Si ! si !

RABAGAS.

C'est qu'il atteste une fois de plus la solidité, l'invincible évidence des immortels principes, auxquels nous sommes prêts à sacrifier : — Vous, ma vie,... et moi, la vôtre !

TOUS.

Oui, oui, bravo !... Vive Rabagas ! (On le descend, avec transports, en lui serrant la main, et en l'étouffant.)

RABAGAS, ahuri de ces effusions.

Mes amis !... mes frères !... mon émotion !... (Bas à Camerlin.) Débarrasse-moi de ces animaux-là !... Je crève de soif ! (Il se dérobe à droite.)

CAMERLIN, le couvrant de son corps.

Citoyens ! le grand homme est fatigué, et demande un peu de repos !

CHAFFIOU, sur la table.

L'ami du peuple ne doit pas se reposer !

RABAGAS, à part.

Gredin !

CAMERLIN.

Laissez-le souffler pour de nouveaux combats !...

TOUS.

Oui ! oui !

LE PETIT VIEUX, serrant la main de Rabagas.

Encore une poignée de main !

UN AUTRE, les mains très sales.

A la vie, à la mort !... (Rabagas donne la main et l'essuie clandestinement. — Camerlin enlève Noisette comme une plume et pousse tout le monde dehors.)

CAMERLIN, à Bigorro.

Vous ferez le buste ! Filez !

TOUS.

Vive Rabagas !

LE PETIT VIEUX, le dernier.

Vive Rabagas !

SCÈNE V.

RABAGAS, CAMERLIN, VUILLARD, puis CHAFFIOU.

RABAGAS, arrachant sa cravate.

Ouf ! je n'en peux plus !...

VUILLARD, avec un mauvais sourire.

Dame, tu te payes des triomphes !

RABAGAS, à Camerlin, en ôtant son habit.

Des œufs ! une côtelette, n'importe quoi... (Avec effroi, entendant crier dehors.) Ils reviennent !

CAMERLIN, après avoir parlé à un garçon.

Non ! Ils partent !... Et ce voyage ?

RABAGAS, se débarbouillant au fond, dans une cuvette, que lui présente la servante avec une éponge.

Tout va bien !... Ça chauffe !... J'ai trouvé notre général !

VUILLARD et CAMERLIN, vivement.

Ah !

RABAGAS, même jeu.

A Nice !... A table d'hôte !... Il va venir !... Du reste, dans tout le parti !... une concorde !... comme ici !... Le journal est prêt ? (Il redescend.)

VUILLARD, avec fiel.

Demande à M. Camerlin. C'est lui qui fait tout !

CAMERLIN.

Dis donc, tu ne vas pas commencer à m'attraper, toi !... Jus de citron !

RABAGAS.

Allons, la paix!... Nous ne sommes pas ici pour nous chamailler!... Troussons le canard!

CAMERLIN, criant dans l'escalier de l'imprimerie.

Eh! Noisette!... Les épreuves!

RABAGAS.

C'est composé? (On apporte le déjeuner de Rabagas sur une petite table.)

VUILLARD.

A demi.

RABAGAS[1], s'installant pour manger au bout de la table.

Quelles nouvelles?

CAMERLIN.

Un tas!... La fermeture des jardins!... Mon entrevue avec le Valentinois!... Notre charivari d'hier!...

RABAGAS, déjeunant.

Ah! bah!

VUILLARD, surpris.

Tu n'as donc pas lu la feuille de ce matin?

RABAGAS.

Non. J'arrive.

CAMERLIN.

Alors, tu ne connais pas l'histoire de cette nuit?

RABAGAS.

Eh! non!

CAMERLIN, s'asseyant sur le canapé, Vuillard accoudé derrière lui.

Oh! bien, voilà! Vers une heure du matin, une demi-douzaine des nôtres étaient ici à discuter sur cette fameuse fermeture des jardins. Piqué au jeu par les exploits de Chaffiou, qui, la nuit précédente, avait crayonné la charge de Son Altesse

---

1. Rabagas, Camerlin debout, Vuillard.

sur un pilier du parc, Rapiat fait le pari qu'il ira suspendre aux volets du prince un bouquet de chardons...

RABAGAS.

Bon!

CAMERLIN.

Le voilà en route, absolument gris...

RABAGAS.

Comme toujours!

CAMERLIN.

Armé de ses chardons et d'une échelle, et suivi des yeux par toute la bande, il applique son échelle au mur, à deux pas de la porte verte qui ouvre sur la ruelle, grimpe et va gagner le chaperon; quand tout à coup la porte s'ouvre, et un homme sort du parc, le manteau sur l'oreille... Rapiat pousse un cri : l'homme détache un coup de pied à l'échelle, qui dégringole, et mon Rapiat avec... tous ses chardons sur le nez!...

RABAGAS.

L'imbécile!

CAMERLIN.

Nos gens d'accourir!... mais l'homme est déjà loin, et l'on ne trouve que Rapiat, le nez meurtri, rendant plus de vin que de sang... On l'apporte, on le couche, il boit pour se remettre, et il est encore là-haut à ronfler!...

RABAGAS.

Et l'homme?

VUILLARD.

Inconnu.

RABAGAS.

Nul indice?

CAMERLIN.

Rien!... Un manteau jusque-là, le chapeau sur le nez, et des jambes de lièvre!

RABAGAS.

A deux heures du matin, c'est curieux!

VUILLARD [1].

Inutile d'ajouter que j'ai fait là-dessus un petit article au vinaigre... *les Jardins de Caprée!*

RABAGAS.

Parbleu!... Chauffons ça!... Donnons le bulletin de la santé.

VUILLARD, prenant une plume et s'asseyant.

Tout de suite. Excellent.

CAMERLIN, au-dessus de lui.

Parfait.

NOISETTE, qui sort de l'imprimerie avec des épreuves.

Voilà les épreuves !

RABAGAS.

Eh! petit!... Où est Rapiat?

NOISETTE.

Rapiat! Il est soûl comme vingt-cinq mille hommes! Et il jure!...

RABAGAS, à Vuillard.

Bulletin! Écris : « la fièvre redouble... il murmure le mot de *Liberté.* »

CAMERLIN.

Et sa femme ?

NOISETTE.

Rudement contente, celle-là!... Ça lui fait quarante-huit heures sans être rossée!...

RABAGAS, à Vuillard.

« La malheureuse mère et ses enfants, noyés de larmes à son chevet... »

VUILLARD.

Voilà !

---

1. Rabagas, Vuillard, Camerlin.

CAMERLIN, passant au petit.

Donne à composer.

RABAGAS.

Et détale. (Il va au fond prendre sa pipe et le pot de tabac. — Noisette sort vivement.)

VUILLARD, regardant les épreuves.

Qu'est-ce que ça peut bien faire de lignes, tout ça?

RABAGAS.

Avec mon plaidoyer, quinze.

CAMERLIN.

Il manque une demi-page. (Le garçon apporte le café de Rabagas, et des liqueurs qu'il dépose sur la table.)

RABAGAS, allumant sa pipe et s'asseyant sur le canapé.

Improvisons des *Variétés*, et chaud, chaud! quelque chose qui cingle [1]!

CAMERLIN, écrivant.

Voilà : « Ce soir, au palais, concert de musique et de chant... Et dans la rue, concert de malédictions!... » (Bruit au fond, dans le billard, où l'on se dispute.)

VUILLARD, criant de sa place.

Sapristi! fichez-nous donc la paix, vous, là-bas! On ne peut pas travailler!... (Le bruit s'apaise.)

RABAGAS.

Continuons!... Quelque chose d'un peu plus sérieux. Voyons! Par exemple, sur l'ordonnance de ce matin : l'impôt foncier substitué au droit de sortie.

VUILLARD, vivement.

Merci!... Il ne nous manque plus que d'avouer que le gouvernement fait quelque chose de bien!

---

1. Vuillard, Camerlin assis au bout de la table, Rabagas sur le canapé.

ACTE DEUXIÈME.

CAMERLIN, surpris, et regardant Rabagas.

Jamais!

RABAGAS.

Fi donc, nous taire!... Ce serait déloyal! (Camerlin et Vuillard se regardent avec stupeur.) Écrivez : « Le gouvernement adopte enfin une mesure que nous réclamons depuis six mois... Et il le fait d'assez mauvaise grâce, pour nous dispenser de toute reconnaissance. » Vlan!

CAMERLIN, écrivant.

Ah! comme ça!...

VUILLARD, rassuré.

Bon!

CAMERLIN.

Vingt lignes... Nous sommes encore loin.

RABAGAS, prenant les lettres sur la table.

Flanquons la correspondance. Une lettre... d'un soldat. (Il la passe à Vuillard et s'assied sur le bord de la table.)

VUILLARD.

Excellent!

CAMERLIN.

Lis.

VUILLARD, lisant.

« Citoyen. »

CAMERLIN, écrivant.

Une ligne, deux blancs.

VUILLARD.

« J'ai recours à la voie de votre estimable journal pour vous poser la question suivante : Comme citoyen, est-ce que je dois l'obéissance à mon sergent-major?... »

TOUS TROIS.

Jamais!

RABAGAS, à Camerlin.

Commentaire!... Preuve nouvelle des sympathies de l'armée!... Fais mousser, et marche.

CAMERLIN.

Compris.

VUILLARD, lisant.

« Réunion des grévistes : Citoyens. »

CAMERLIN.

Une ligne... deux blancs!

VUILLARD, même jeu.

« La réunion des grévistes a l'honneur de vous faire part de ses conclusions : — La journée de travail sera réduite de dix heures à huit, dont trois consacrées au repos. Total, cinq heures qui seront payées comme dix. »

RABAGAS.

Bien!...

VUILLARD, de même.

« Et attendu que le dimanche, qui a passé jusqu'ici pour un jour de repos, n'est en réalité qu'un jour de fatigue, puisqu'il est consacré au plaisir... le lundi, consacré à se reposer du dimanche, sera néanmoins payé comme jour de travail... La question du jeudi est réservée. »

RABAGAS.

Parfait!...

CAMERLIN, prenant un livre sur la table.

La souscription?...

RABAGAS.

Ça marche?

CAMERLIN.

Pas trop!... (Lisant.) « Souscription en faveur de la veuve Bagouin, pour lui remplacer le pourceau écrasé par la voiture de Son Altesse!... »

ACTE DEUXIÈME.

VUILLARD, qui allumait une cigarette, s'arrêtant.

Le pourceau!... Allez donc!... tout de suite la langue de Bossuet!... Pourquoi recule-t-on devant le mot propre, qui est *cochon!*

CAMERLIN, embarrassé.

Dame!

VUILLARD.

Je parle au peuple la langue du peuple!... J'exige *cochon!* Et si je savais un mot plus cochon que *cochon,* je le choisirais.

RABAGAS.

Va pour *cochon!...* (Nouveau bruit, dispute. Cris aigus de femmes dans l'escalier.)

VUILLARD.

Encore!

CAMERLIN, debout.

Mille diables!

RABAGAS.

On se tue!

CAMERLIN, criant.

Qu'est-ce que c'est encore?

CHAFFIOU, de la porte de l'escalier, à droite.

C'est rien!... Deux femmes qui se peignent! (Le bruit redouble.)

RABAGAS.

Va voir!

CAMERLIN.

Cré nom! (Il disparaît. Le bruit s'apaise peu à peu.)

RABAGAS, à Vuillard.

Total?

VUILLARD, regardant la liste.

Quarante-sept francs!

RABAGAS.

C'est assez!... La liste est close.

VUILLARD.

Il faut encore cinq ou six lignes.

CAMERLIN, rentrant, un papier à la main.

Je les tiens!... « Hier, à dix heures, enterrement civil de la citoyenne Lamouraille... Son mari a fait sur sa tombe un discours, inspiré par le plus pur matérialisme, en exprimant l'ardente conviction qu'il ne reverrait plus, nulle part, la compagne de sa vie!... Cette touchante profession de foi a vivement ému l'assistance! »

RABAGAS, achevant d'écrire.

Complet!

CAMERLIN.

Ouf!... Enlevé!... (Il passe les épreuves à Noisette qui est rentré avec lui, et qui ressort aussitôt.)

RABAGAS[1].

Maintenant, mes enfants, ce n'est pas tout du canard!... En vue des événements qui se préparent, il nous faut une proclamation à coller sur les murs, chaud, chaud... En fait d'émeute, tout est dans l'affiche!... Écrivez au vol!... J'improvise!... (Il va et vient, remontant et descendant la scène.)

« Peuple Monégasque!

« Ce n'est pas seulement au nom de la liberté que nous faisons appel à votre patriotisme, c'est au nom de la morale outragée!... (Il frappe sur la table en descendant.) Trop longtemps un gouvernement dépravé a donné l'exemple d'une corruption byzantine... (Même jeu en remontant.) Trop longtemps ses mœurs dissolues ont fait rougir la sainte pudeur!... »

---

1. Rabagas, Vuillard assis et écrivant. Camerlin penché sur ses épaules et lui répétant les mots dictés.

SCÈNE VI.

Les Mêmes, TIRELIRETTE, en toilette extravagante. Chignon rouge. THÉRÉSON (Quinze ans au plus.)

TIRELIRETTE, entrant brusquement par le fond, écartant Rabagas qui en ce moment fait face au public devant la porte, et descendant jusqu'à Vuillard.

Tu te moques pas mal de moi, toi!... Me faire droguer à t'attendre!...

CAMERLIN.

Bon!... Allez donc!... La jupaille!

VUILLARD.

Tu ne peux pas déjeuner sans moi?

TIRELIRETTE.

Et l'argent?

RABAGAS, ennuyé.

Allons!... Silence!

TIRELIRETTE, à Camerlin.

A qui, silence?

CAMERLIN, s'échauffant.

A toi, qui viens empoisonner notre bureau!

TIRELIRETTE.

Ah!... empoisonner, moi!...

CAMERLIN, montrant Théréson.

S'il est permis de traîner une gamine de cet âge-là par les rues!

VUILLARD.

De quoi se mêle-t-il ce défroqué-là?

CAMERLIN, se levant, menaçant.

Si tu crois que tu vas faire le pion ici, toi?

VUILLARD, de même.

Et toi, le bedeau?...

RABAGAS, exaspéré, de même.

Mille diables!... Ça va finir!... ou je vous flanque tous à la porte!

TIRELIRETTE, tranquillement.

C'est tout ce que t'offres?

RABAGAS, prenant les objets sur la table et les lui passant.

Tiens, du jambon, du vin!... Mais la paix ou je me fâche. (Aux autres.) Marchons!... (Tirelirette et Théréson emportent les restes du déjeuner sur la table de la terrasse.)

CAMERLIN, reprenant.

Nous disons : « la sainte pudeur!... »

RABAGAS, dictant, en passant un plat à Tirelirette, qui le repasse à Théréson.

« De nos vertueuses compagnes... Et la simplicité bourgeoise... »

VUILLARD, à Tirelirette, qui va et vient pour prendre le pain, etc.

As-tu fini de tournailler tes jupes autour de moi,... toi?...

TIRELIRETTE.

Faites donc de jolies toilettes pour ces chinois-là?...

VUILLARD, grommelant.

Si tu crois que je payerai encore celle-là?...

TIRELIRETTE.

Si ce n'est pas toi, ça ne sera pas moi, toujours!...

VUILLARD, reprenant vivement.

« La simplicité bourgeoise... »

RABAGAS, dictant, en passant la bouteille à Tirelirette.

« ... De nos chastes épouses!... Souffriras-tu plus longtemps... ô peuple!... que ton argent, si rare!... »

TIRELIRETTE, même jeu, du fond, de dos, rangeant son couvert.

Cristi! oui!...

RABAGAS, après un mouvement d'impatience.

« Alimente la cupidité de ces créatures sans nom... (Tirelirette dresse l'oreille.) qui sont la honte de leur sexe!... »

TIRELIRETTE, à Rabagas, redescendue vivement.

Dis donc, toi! Je te défends de m'insulter, tu sais!...

CAMERLIN et VUILLARD.

Encore?

RABAGAS, exaspéré.

Mes enfants!... faites-la filer!

VUILLARD.

Allons!... Va-t'en!

TIRELIRETTE.

Alors, donne un louis!...

VUILLARD, se fouillant.

Ah!... mais vite!... Rien!... (A Rabagas.) Donne vingt francs! Qu'elle nous débarrasse le plancher.

RABAGAS.

Merci!... Tu m'en dois assez déjà!

VUILLARD, sautant sur l'argent de la souscription qu'il lui passe.

Ah!.. tiens! l'argent du cochon!...

TIRELIRETTE.

Ça me va!

SCÈNE VII.

Les Mêmes, CHAFFIOU.

CHAFFIOU, sortant de l'imprimerie.

Enfoncés!...

TOUS TROIS.

Quoi?

CHAFFIOU.

L'imprimeur refuse de tirer!

TOUS TROIS.

Ah!

CHAFFIOU.

V'là sa note!... 18 messidor!... Trois cents francs qu'on lui doit et qu'il veut tout de suite!

VUILLARD, froissant la note.

Sale conservateur!

CAMERLIN.

Il est vendu à la cour!

RABAGAS, se fouillant.

Bigre!... Mais il faut paraître à tout prix. Voilà toujours cent francs. (Tirelirette arrive attirée par le bruit de l'argent, et regarde par-dessus leurs épaules.)

CAMERLIN.

Et cent vingt-cinq. Toute ma caisse!...

VUILLARD, apercevant Tirelirette.

Et le cochon! (Il saute sur l'argent de Tirelirette, et le reprend.)

TIRELIRETTE, criant.

Ah! mais non!...

VUILLARD et CAMERLIN.

On te le rendra!...

RABAGAS.

Deux cent soixante-cinq en tout!... Manque trente-cinq...

SCÈNE VIII.

Les Mêmes, NOISETTE, accourant.

NOISETTE, à Rabagas.

Citoyen, il y a un particulier qui vous demande en bas !

RABAGAS.

Eh !... qu'il aille !...

NOISETTE, vivement.

Bien mis !...

RABAGAS, radouci.

Bien mis !...

NOISETTE.

V'là sa carte !

RABAGAS, lisant, stupéfait, puis relisant tout haut.

Camille Desmoulins !!... (Marques d'étonnement.)

CAMERLIN.

Ah ! bien !... Il revient de loin !...

RABAGAS, à Noisette.

Qu'il entre !... — Mes enfants !... de la tenue !... C'est un ancêtre !... Et ne perdons pas de vue qu'il manque trente-cinq francs !

SCÈNE IX.

Les Mêmes, DESMOULINS [1].

Un grand jeune homme fade. Pantalon collant, bottes, gilet blanc à revers, habit vert à boutons d'or, cravate blanche, chapeau noir à boucle. Une canne. Manchettes. Il entre à pas lents. Noisette ressort.

RABAGAS, quand Desmoulins est descendu en scène.

Citoyen !... Salut !...

---

1. Chaffiou, Vuillard, Rabagas, devant le canapé de gauche. Camerlin plus haut ; Desmoulins.

DESMOULINS, ôtant son chapeau.

Et solidarité!... (Regards de surprise échangés.)

RABAGAS, montrant la carte.

C'est bien à Camille Desmoulins que j'ai le plaisir...

DESMOULINS.

A lui-même! (Stupeur.)

RABAGAS.

Tu comprends!... ça étonne un peu!

DESMOULINS.

En fait, je m'appelle Victor Desmoulins... (Mouvement de soulagement.) Mais, par admiration pour le grand homme dont je veux imiter les vertus...

RABAGAS, l'interrompant.

Bien, bien, j'aime mieux ça!... Si les anciens s'avisaient de revenir! ça nous ferait du tort... Sieds-toi, frère, et dis-nous ce qui t'amène... (Il s'assied, Vuillard de même.)

DESMOULINS, prenant une chaise et prêt à s'asseoir.

Mon Dieu!...

RABAGAS, VUILLARD, CAMERLIN et CHAFFIOU, se levant et froidement.

Cinquante centimes!...

DESMOULINS, saisi.

Hein!

RABAGAS, désignant l'écriteau placé au-dessus de la porte.

Cet écriteau te dira que le mot *Dieu* est supprimé entre nous, et, pour quiconque s'oublie à prononcer ici ce vocable suranné... cinquante centimes d'amende!...

DESMOULINS, un peu interloqué.

Ah!... voilà dix sous!...

VUILLARD, gravement, montrant le fond du théâtre.

Sur l'autel de la Patrie!

ACTE DEUXIÈME.

DESMOULINS.

Où ça ?

TOUS, et gravement, étendant le bras.

Là-bas !

CHAFFIOU.

La tirelire à gauche ! (Desmoulins remonte jusqu'à la tirelire, où il jette la pièce de dix sous.)

TOUS, laissant retomber leurs bras.

Ça y est !...

CAMERLIN, à lui-même.

C'est déjà ça !...

RABAGAS.

Poursuis !... (Tous se rassoient.)

DESMOULINS, debout.

Fils d'un père qui a fait fortune dans les cotons... et possesseur d'un joli capital... (Il va pour s'asseoir.)

CHAFFIOU, CAMERLIN et VUILLARD, murmurant.

Hon !...

DESMOULINS, se redressant.

Je suis prêt à le consacrer au triomphe de notre sainte cause !...

TOUS, avec chaleur.

Très-bien ! ça !...

DESMOULINS.

Qui n'a pas besoin de ça !... (Prêt à s'asseoir.) Dieu merci !...

TOUS QUATRE, tranquillement, se levant.

Cinquante centimes !...

DESMOULINS.

Sapristi ! C'est vrai ! Je vous demande pardon ! (Il passe dix sous à Chaffiou, qui va les jeter pour lui dans la tirelire.)

CAMERLIN.

Tu t'y feras !...

DESMOULINS.

Enfin pour commencer, je vous apporte...

CAMERLIN, vivement.

Ta souscription?...

DESMOULINS, tirant un rouleau de son sein.

Un petit article pour la *Carmagnole!*... (Déception de tous.) *La Réhabilitation de Marat!*

RABAGAS.

Fadeur!

VUILLARD.

Marat n'a pas besoin d'être réhabilité!

RABAGAS, l'arrêtant du geste, à Desmoulins.

Tu sais les conditions de la *Carmagnole?*

CAMERLIN.

Vingt-cinq centimes la ligne pour un début!

DESMOULINS, ravi.

Parfait!... L'article a cent trente-six lignes; c'est donc trente-quatre francs.

RABAGAS, prenant le rouleau.

Que tu nous dois!...

DESMOULINS, saisi.

Ah! c'est moi qui?...

CAMERLIN, fronçant le sourcil.

Espères-tu faire payer à la *Carmagnole* l'hospitalité qu'elle te donne?

DESMOULINS, intimidé.

Non, mais...

VUILLARD, menaçant.

Et grossir encore ton odieux capital?...

DESMOULINS, de même.

Non! non!... Voici trente-quatre francs!..

CHAFFIOU, à qui on passe l'argent.

Sauvé le canard ! (Il court à l'imprimerie.)

DESMOULINS, ennuyé.

Mais, c'est égal, pour un début, c'est roide, sacred...!

TOUS, vivement.

Cinquante!...

DESMOULINS, vivement.

Je ne l'ai pas dit !...

RABAGAS.

C'est juste!... (A Tirelirette.) Et maintenant, femmes! on vous l'abandonne! (Tirelirette et Théréson s'emparent de Desmoulins.)

SCÈNE X.

LES MÊMES, NOISETTE.

NOISETTE, accourant à Rabagas.

Citoyen ! une dame qui demande à vous parler...

RABAGAS.

Une femme!... .

NOISETTE.

Non!... Une dame... Elle a des gants!...

RABAGAS.

Jeune ?...

NOISETTE.

Et jolie !

RABAGAS.

Qu'elle monte!... (Noisette sort en courant. — A Chaffiou.) Emballe-moi tout ça, toi ! (Il montre les femmes.)

CAMERLIN.

Allons, dehors, le poulailler!...

RABAGAS, se rajustant de son mieux et remettant sa redingote.

Mazette, je suis fait!...

VUILLARD, aigrement.

C'est ça!... Parce que c'est une femme comme il faut!... Si c'était une prolétaire!...

RABAGAS.

Qu'est-ce qu'il grogne, celui-là!... parce que je suis poli!...

VUILLARD.

Je n'aime pas la politesse! moi!... C'est contraire à l'égalité!...

RABAGAS, brutalement.

Alors! détale!...

VUILLARD, se rebiffant.

Ah! mais!...

RABAGAS.

Eh bien! je suis grossier, de quoi te plains-tu?...

CAMERLIN, descendant, en riant de la figure de Vuillard.

Ah! ah! (Desmoulins et les femmes sortent par le billard.)

VUILLARD, avec aigreur, à Camerlin, en gagnant la porte de l'imprimerie.

Ça fait rire M. le curé?...

CAMERLIN.

Oui!... (Il remonte par le fond et sort.)

VUILLARD, à lui-même.

Sois tranquille, va!... Tu es sur ma liste... toi!... (A Rabagas.) Tu ne mets pas de gants? Mets donc des gants!... (Il sort par l'imprimerie.)

RABAGAS, après lui avoir répondu par un haussement d'épaules, seul et rajustant sa cravate.

Une femme du monde!... Ça me changera!... (A Noisette, qui paraît.) Oui, oui, fais entrer!... (A lui-même.) On a beau dire, ça fait toujours plaisir!...

SCÈNE XI.

RABAGAS, EVA.

EVA, sur le seuil.

Daignez pardonner, monsieur, la liberté que je prends...

RABAGAS.

Comment donc, madame! c'est à moi de m'excuser du désordre...

EVA[1].

Si je suis indiscrète...

RABAGAS.

Grand Dieu!... (A part.) Cinquante centimes!... (Haut.) Prenez donc la peine de vous asseoir, madame. (Il va pour lui offrir la chaise de droite, y trouve sa pipe et l'escamote en replaçant vivement la chaise sous la table.) Je vous demande pardon, on est si mal servi par ses gens!... (Il indique à Eva le canapé à gauche.)

EVA.

On m'a dit, monsieur, à votre domicile, que j'avais chance de vous trouver dans cette maison.

RABAGAS.

En effet, madame.

EVA.

D'ailleurs je n'abuserai pas de vos précieux moments, et le conseil que je viens implorer de votre grand talent, à titre d'étrangère...

RABAGAS, prenant une chaise à gauche derrière le canapé.

Ah! madame est?...

EVA.

Américaine.

---

1. Eva. Rabagas.

RABAGAS, s'inclinant.

Ce seul titre, madame, me commanderait toutes les sympathies!... (Il s'assied.) Alors, c'est à l'avocat?... —

EVA.

Que je m'adresse... et naturellement, au plus illustre de tous.

RABAGAS.

Disons modestement, madame... au plus intègre.

EVA.

Voici le fait, monsieur, j'arrive de Naples ; mais pressée de faire la route, et ne voulant pas m'encombrer de bagages, je les ai fait partir, sous la garde d'une femme de chambre... or, j'apprends ce matin qu'ils sont retenus à la douane de Gênes, sous prétexte qu'il y a trop de dentelles à mes robes, et que c'est de la contrebande!...

RABAGAS, un peu déçu.

Ah! c'est pour des dentelles?...

EVA.

Vous jugez quel coup pour moi, monsieur! je n'ai pu fermer l'œil de la nuit. — Je n'ai ici que cette toilette de voyage, et une autre, de soirée ; deux robes en tout, sur vingt-deux!... Que veut-on que je devienne avec deux robes, à trois cents lieues de ma couturière?

RABAGAS.

Oui, madame, oui... (A part.) C'est une grue!...

EVA.

Mettez-vous à ma place.

RABAGAS.

J'y suis, madame! j'y suis.

EVA.

Vous ne trouvez pas ma situation épouvantable?

RABAGAS.

Si, madame, si. — Toutefois je vous avouerai qu'à première

vue j'avais espéré une affaire... plus mouvementée... quelque drame intime... d'un côté, un mari, peut-être... de l'autre...

EVA.

Non, je suis veuve!

RABAGAS.

Ah! alors de l'autre seulement... — Enfin, ce n'est pas ça, retombons sur le sol. Il s'agit, disons-nous, d'une ou deux malles...

EVA.

Comment, monsieur?... de huit malles!...

RABAGAS.

Huit, soit!... Eh! bien, madame, (Il se lève.) Je vais avoir l'honneur de vous donner l'adresse d'un de mes confrères, qui est le premier homme du monde, pour ces sortes d'affaires!...

EVA.

Quoi, monsieur, vous me refusez votre appui?

RABAGAS.

A regret, madame, mais je ne plaide pas les marchandises.

EVA.

Mais, monsieur, mes robes ne sont pas des marchandises.

RABAGAS, debout.

Des œuvres d'art, je n'en doute pas! — Mais chacun a sa spécialité; la mienne, c'est la politique! (Il écrit une adresse, debout, à la table à droite.)

EVA.

Ah! vous plaidez la politique?...

RABAGAS, continuant.

Et avec succès, madame, j'ose le dire.

EVA.

Eh! bien, mais c'est de la politique, ça... la douane.

RABAGAS, s'arrêtant, frappé de l'idée. — Et redescendant.

Peut-être, oui... par certains côtés!... mais dans l'espèce, ce n'est pas joli, votre affaire... Des robes!... que voulez-vous que je tire de ça? — Ah! si vous aviez avec, quelque petite brochure,... quelques pamphlets... quelques numéros de journal interdit!...

EVA.

De journal, oui. Toutes mes bottines sont enveloppées dans des journaux.

RABAGAS.

Italiens?

EVA.

Le *Pasquino*, le *Pulcinella!*

RABAGAS, vivement.

Des feuilles très-avancées!

EVA.

Avec des caricatures!

RABAGAS, de même.

Contre le gouvernement français?

EVA.

Oh! très-drôles!

RABAGAS, ravi.

Mais allons donc! nous y voilà!

EVA.

Ah! vous croyez?

RABAGAS.

De la politique maintenant!... A la bonne heure!... Vos dentelles, un prétexte!... Ce qu'on persécute dans vos malles, c'est la liberté de la presse!... Et vous êtes Américaine!... Bravo!... Je lis les journaux à l'audience!... Un scandale... Un tapage!... Vous êtes condamnée!...

EVA.

Hein?

ACTE DEUXIÈME.

RABAGAS.

Mais j'ai un succès !

EVA.

Condamnée !

RABAGAS.

Bah ! une amende !... Les robes vous restent !... Laissez-moi faire !... Vous avez tous vos documents... bulletins, reçus !

EVA.

Tous !

RABAGAS, lui offrant la chaise de droite, et tirant son calepin [1].

Très-bien, j'aurai l'honneur d'aller les prendre à votre domicile ! (Debout et prêt à écrire.) Vous demeurez, madame ?

EVA, tranquillement, assise.

Au palais !

RABAGAS.

Hein !

EVA, de même.

Cour B... Le grand escalier... au second !

RABAGAS.

Chez ?

EVA, de même.

Le prince !... Oui, je suis dame du palais depuis hier, et gouvernante de la princesse !...

RABAGAS.

Et c'est à moi que !... Ah ! bien ! (A part.) Mais quelle grue !

EVA.

Plaît-il, monsieur ?

RABAGAS, riant.

Mon Dieu, madame, je vous demande pardon, c'est si drôle !.. Mais vous êtes étrangère !... Vous ignorez !... Ça se comprend !

---

1. Rabagas, Eva.

EVA.

Daignez m'expliquer !

RABAGAS.

En deux mots, madame... Vous êtes de la cour, et vous demandez conseil au chef de l'opposition !

EVA, ingénument.

Ah! il y a aussi une opposition à Monaco?

RABAGAS.

Comme partout, madame!... Il en faut!... Sans ça!...

EVA.

Et cette opposition a pour but?

RABAGAS.

De contrecarrer tous les actes du gouvernement, comme partout!

EVA.

Par conviction?

RABAGAS.

Quelquefois!... Oui!...

EVA.

En effet... Je comprends maintenant que vous ne puissiez pas!

RABAGAS.

Plaider pour vous!... Impossible!... Ah! contre vous, par exemple, tant qu'on voudra!

EVA.

Contre moi?

RABAGAS.

Parfaitement!... Vous êtes de l'autre camp, je tire sur vous maintenant!...

EVA.

Pour cette affaire-là?...

ACTE DEUXIÈME.

RABAGAS.

La même!... Si on me l'offre!

EVA.

Mais j'ai raison, vous l'avez dit!

RABAGAS, souriant de sa candeur.

Ah! d'abord, madame! en principe, on n'a jamais raison tant que ça!... Et puis, qu'est-ce que ça fait, si je prouve que vous avez tort?

EVA.

Mais vous m'avez démontré tout à l'heure!...

RABAGAS, souriant.

Oh! tout à l'heure, bon!... mais maintenant, je vous démontrerai tout aussi bien le contraire!...

EVA, l'interrompant.

Mais ces journaux avancés?

RABAGAS, vivement, de même.

Raison de plus!... O philosophe!... Écrivain!... Penseur!... Courbe-toi sur ton labeur nocturne,... et voilà le cas que cette cour fait de tes nobles écrits!... Elle en enveloppe des bottines de femme!... Et de quelle femme!...

EVA, vivement.

Hein!

RABAGAS, tranquillement.

Pardon! la chaleur!... Je m'y crois!... Mais j'en dirais comme ça aussi long que vous voudrez!...

EVA.

C'est admirable... Vous changez de conviction avec une facilité!...

RABAGAS.

Je change?... Je ne change pas!... Je n'en ai pas!

EVA.

Ah!

RABAGAS.

Pour plaider, c'est bien inutile!... C'est même gênant! — D'ailleurs, nous ne sommes pas chargés de croire ce que nous disons... mais de le faire croire!... Ce qui est tout différent! Que l'accusé soit coupable... qui le sait mieux que moi! son défenseur!... Mais plus il l'est, plus j'ai de mérite à vous démontrer le contraire... S'il ne s'agissait que de prouver ce qui est, ce qu'on croit, ce dont on est sûr!... Ce serait bien la peine d'avoir des avocats!

EVA.

Je vois bien, monsieur, qu'on ne m'avait pas trompée sur votre talent! — Il dépasse encore l'idée que je m'en étais faite!

RABAGAS, s'inclinant.

Madame!

EVA.

Et je comprends, maintenant, l'exclamation de Son Altesse!...

RABAGAS, vivement.

Son Altesse!...

EVA.

Quand elle s'est écriée, ce matin, à propos de votre dernière plaidoirie!... « Quel homme! quel talent! »

RABAGAS, ravi.

Ah!... Le prince a dit?

EVA.

« Ah!... » a-t-il ajouté... « si j'osais! »

RABAGAS, vivement.

Qu'il ose!

EVA, debout.

Mais il n'a pas complété sa pensée.

RABAGAS, très-déçu.

Ah! c'est dommage!

EVA.

J'emporte, monsieur, un double regret en vous quittant...

ACTE DEUXIÈME.

RABAGAS, de même.

Madame...

EVA.

De ne vous avoir pas pour défenseur de ma cause, et d'être par là privée de l'honneur de votre visite.

RABAGAS.

Au palais?

EVA.

On ne vous y arrêterait pas, monsieur, croyez-le... à moins que ce ne fût pour vous y retenir!...

RABAGAS, regardant autour de lui et baissant la voix.

Mon Dieu... n'était mon parti!...

EVA, faisant la moue, en souriant.

Pouh!...

RABAGAS, après un coup d'œil autour de lui.

Permettez que jusqu'à votre voiture...

EVA, souriant.

Et votre parti?

RABAGAS, résolu à tout, et offrant son bras, en l'imitant.

Pouh!...

EVA.

Non! non! non!... Je ne veux pas vous compromettre!... Adieu, monsieur.

RABAGAS, le bras en l'air.

Adieu!... (Inquiet.) Comment, adieu! Permettez-moi, madame, de répondre : Au revoir!

EVA, finement, sur le seuil.

Eh! mon Dieu... qui sait?... (Elle salue et sort.)

RABAGAS, très-désappointé, la suivant des yeux.

Qui sait?... Voilà tout!... Qu'est-ce que ça veut dire? Est-ce qu'elle se moque de moi?

SCÈNE XII.

RABAGAS, VUILLARD, CAMERLIN, CHAFFIOU.

VUILLARD, CHAFFIOU et CAMERLIN, tragiquement et vivement, après s'être assurés qu'elle est sortie.

Rabagas!...

VUILLARD.

Cette femme qui sort d'ici?...

CAMERLIN.

C'est la maîtresse du prince!

RABAGAS.

Ah!... (A lui-même.) Allons!... plus de doute!... Elle s'est moquée de moi!

CAMERLIN, prenant la chope restée sur la table.

Malheureux!... Tu n'as pas bu, j'espère!...

RABAGAS, allant et venant sur l'avant-scène, tout à son idée, et haussant l'épaule, à lui-même.

Ah! ils me raillent... ah! ils ne complètent pas leurs pensées... ah! on me met le morceau à la bouche et on le retire... Attends, attends!... Je vais leur lâcher une émeute dans les jambes!

CHAFFIOU, le suivant.

On nous moucharde!

CAMERLIN, même jeu.

On nous compte!

VUILLARD, même jeu.

Avant de supprimer *le Crapaud!*

CAMERLIN.

Et nous délibérons, Brutus!...

VUILLARD.

Et tu dors?...

RABAGAS.

Eh! credié!... J'ai plus envie que vous de commencer la danse!

CAMERLIN.

Eh! bien, qu'est-ce qui nous manque?

RABAGAS.

Le prétexte, l'occasion, le pétard, l'étincelle!... Le fait imprévu, sur qui l'on marche comme sur une allumette, et qui fait tout sauter!...

VUILLARD.

On l'invente!

SCÈNE XIII.

Les Mêmes, NOISETTE, puis ANDRÉ.

NOISETTE, accourant.

Méfiance!... Un officier!...

TOUS.

Ici?

CHAFFIOU, effaré.

Trahis!...

RABAGAS.

Silence!... A l'écart!... Et pas un mot!... Voyons venir!...

ANDRÉ, il entre, un numéro du journal à la main, salue, avec un peu d'étonnement de les voir tous, lui tournant le dos.

Pardon, messieurs, le rédacteur en chef de ce journal, s'il vous plaît?

RABAGAS, se retournant [1].

C'est moi, monsieur!...

1. Chaffiou, Camerlin, André, Rabagas, Vuillard.

ANDRÉ, saluant.

Ah!... Je lis, monsieur, dans votre numéro de ce matin, le récit de certain fait nocturne !...

RABAGAS.

L'affaire Rapiat !...

ANDRÉ.

Sur lequel je serais heureux d'obtenir de vous quelques explications.

RABAGAS, poliment.

A quel titre, monsieur ?

ANDRÉ.

Monsieur, je suis lieutenant des gardes de Son Altesse, et, comme tel, responsable de la sécurité du palais; or, j'étais de garde cette nuit, par conséquent intéressé à l'affaire. — Je n'examine ici ni le ton de votre article, ni les commentaires qui l'accompagnent... Ce sont choses malpropres, auxquelles je ne toucherais pas volontiers... (Mouvement de tous.)

VUILLARD, assis sur la table, le feutre sur la tête, avec un rire de mépris.

Oh !...

ANDRÉ, allant à lui [1].

Sinon du bout de mon épée !... (Silence. — Il se retourne vers Rabagas.) Je m'en tiens au seul fait dominant : la chute de cet homme !... et la cause qui l'a déterminée !...

RABAGAS.

Eh bien, monsieur, contestez-vous la vérité du récit ?

ANDRÉ, prenant à droite la chaise qu'on ne lui offre pas, et s'installant en homme qui ne s'en ira que satisfait.

Non, monsieur, puisque je viens, au contraire, m'éclairer sur les détails !... Connaît-on l'auteur de cet accident ?...

RABAGAS, qui s'est assis à gauche, ainsi que Camerlin, pour ne pas rester debout devant André, assis.

Oh ! monsieur, ces gens-là cachent trop bien leur figure !...

---

1. Chaffiou, Camerlin, Rabagas, André, Vuillard.

ACTE DEUXIÈME.

ANDRÉ.

Mais la nuit n'était pas sombre, et dans le brusque mouvement de l'échelle... votre ami aurait pu voir, reconnaître !...

RABAGAS, l'observant attentivement.

Personne !... (André ne peut réprimer un petit mouvement de joie.) que nous sachions... car on l'a ramassé sans connaissance !...

ANDRÉ, inquiet.

Bon, mais depuis ?...

RABAGAS.

Depuis ?...

ANDRÉ.

Oui ?...

RABAGAS, même jeu.

Depuis, monsieur... (Il se lève.) il est mort !... (Mouvement de tous, réprimé par un coup d'œil de Rabagas.)

ANDRÉ, saisi, debout.

Mort !

RABAGAS, qui ne le perd pas de vue.

Oui, monsieur !...

ANDRÉ, troublé.

Comme cela... est-ce possible !... Pour une chute ?

VUILLARD.

Sur la tête !...

CHAFFIOU, essuyant une larme.

C'est la tête qui a porté !...

ANDRÉ.

Un affreux accident, en effet !... Et si l'on connaissait le coupable !...

RABAGAS.

Mais peut-être qu'en cherchant bien autour de vous, monsieur... (Mouvement d'André.) car on croit, sous le manteau de cet homme, avoir reconnu votre uniforme!... Je veux dire celui des gardes!...

ANDRÉ, pressé de sortir pour cacher son trouble.

Ah!... Je vous remercie de l'avis, monsieur... Et je vais le mettre à profit tout de suite!... Je vous salue, messieurs!... (A Vuillard, qui ne bouge pas, et qui garde son chapeau sur la tête.) Pardon!... Je vous salue!... (Vuillard ôte son chapeau.) C'est tout ce que je demande! (Il sort.)

SCÈNE XIV.

LES MÊMES, moins ANDRÉ.

RABAGAS, vivement.

C'est lui!...

CAMERLIN.

Ce trouble!...

RABAGAS.

Parbleu!...

VUILLARD.

Mais Rapiat... que tu dis mort!...

RABAGAS, avec force.

Il l'est!... Il faut qu'il le soit!

TOUS.

Hein?

RABAGAS, avec joie.

Rapiat tué par la cour!... mais la voilà, l'étincelle!... le voilà, le pétard!... A la bonne heure!... Je tiens mon émeute!

CAMERLIN.

C'est vrai!...

RABAGAS, avec chaleur.

A l'œuvre, et les fers au feu!...

ACTE DEUXIÈME.

CHAFFIOU.

Et vive la...

CAMERLIN, l'interrompant.

Gare aux mouchards!...

VUILLARD.

Fermez les portes!...

RABAGAS, avec une extrême douleur.

Pas encore!... Le général! d'abord!... (A Chaffiou.) En bas... prenant l'absinthe... un inconnu, barbu, figure exotique, bonnet fourré... décorations fantastiques!... et des bottes jusque-là!... mot d'ordre : *omnes,* et de ralliement, *omnibus!...* Cours!...

CHAFFIOU.

Bon!... (Il disparaît vivement par le fond.)

RABAGAS, à Noisette.

Toi, à l'imprimerie; le numéro de ce soir, en deuil; — un filet noir large comme ça!...

NOISETTE.

J'y vole!... (Il sort en courant par la gauche.)

RABAGAS, à Vuillard.

Appelle feu Desmoulins!

VUILLARD, surpris.

Bah!

RABAGAS.

Nigaud!... c'est la caisse!...

VUILLARD.

C'est juste!... (A demi-voix.) Gare au Camerlin!...

RABAGAS.

Surveille-le! (Vuillard va au fond chercher Desmoulins, qui est dans le billard.)

CAMERLIN, à demi-voix.

Gare au Vuillard!...

RABAGAS, de même.

Ne le lâche pas!

SCÈNE XV.

Les Mêmes, PETROWLSKI, DESMOULINS.

Pétrowlski paraît au fond dans le billard.

RABAGAS.

Et maintenant qu'il n'y a plus ici que des gens sûrs les uns des autres!... Portes closes!... (On ferme les portes. Petrowlski fait son entrée : forts favoris et moustaches grises, grosses bottes, rubans extraordinaires.)

CHAFFIOU.

Voilà l'homme !

PETROWLSKI, accent guttural, sur le seuil du fond.

Salut et fraternité !

TOUS[1].

Et la mort!

RABAGAS.

Citoyens!... je vous présente un frère étranger!... l'illustre général Petrowlski!... Secrétaire de M. de Pindray au Mexique, lieutenant d'Urquiza à Buenos-Ayres! vainqueur de Santa-Anna, de Rosas et de Soulouque, le général Petrowlski a mis son épée démocratique au service de toutes les nationalités opprimées!... Il est le chevalier errant de la démocratie, et le commis-voyageur de la liberté !

TOUS.

Vive!...

RABAGAS, à demi-voix, vivement.

Silence!...

TOUS, tout bas.

Vive Pétrolwski!...

---

1. Chaffiou, Camerlin, Petrowlski, Rabagas, Vuillard.

ACTE DEUXIÈME.

PETROWLSKI, exhibant des papiers.

J'ai des certificats!...

RABAGAS.

Inutile, général!... On sait qui vous êtes, et Monaco n'attendait que vous pour être libre!...

TOUS, à demi-voix.

Oui! oui!

PETROWLSKI.

Citoyens!... Si je m'exprime mal... excusez... je parle toutes les langues!... (Avec force.) excepté celle de la servitude!... (Murmure approbatif.) Je suis venu, sans argent, sans vêtements... en me disant... qu'as-tu besoin de ces choses?... Ce peuple te nourrira!... il te logera!... N'es-tu pas son frère? (Il serre avec force les mains de Rabagas et de Camerlin.)

RABAGAS.

Oui!

CAMERLIN, avec hésitation.

Enfin!... oui!...

RABAGAS.

Général!... vos conditions seront les nôtres!

PETROWLSKI.

Je veux d'abord un bel uniforme avec des galons... pour que l'on voie bien que c'est moi qui commande!...

RABAGAS.

Nous l'aurons!...

PETROWLSKI.

Et avec ça, j'irai partout, et l'on me saluera!...

RABAGAS.

Vous parlez d'or!

PETROWLSKI.

Je veux aussi parler d'or!... Il faut de l'or, pour les hommes! car le soldat qui n'a pas d'argent dans sa poche!... il ne se bat pas pour le défendre!

RABAGAS.

Debout! Camille Desmoulins!

DESMOULINS.

Hein!

CAMERLIN, le prenant dans ses bras.

Un capitaliste!... Ennemi de son capital!

VUILLARD, de même.

Qu'il a juré de sacrifier tout entier à la délivrance!...

DESMOULINS, voulant protester.

Mais!...

PETROWLSKI, serrant la main de Desmoulins vigoureusement.

Tu es mon frère aîné...

RABAGAS, à Petrowlski.

Donc, avec de l'or, général...

VUILLARD.

Et des fusils!...

RABAGAS.

Mais un canon seulement!

PETROWLSKI.

Avec du courage, on n'a pas besoin d'artillerie!... Ce qu'il me faut!... c'est des hommes résolus!... qui se fassent tous tuer!... Et alors je suis sûr de la victoire [1]!...

RABAGAS.

Vous aurez le peuple entier, général!... sans nous compter!...

CHAFFIOU, vivement.

C'est ça!... ne nous comptez pas!...

CAMERLIN.

Bigre... si nous étions tués, qui est-ce qui ferait battre les autres?...

---

1. Camerlin, Chaffiou, Rabagas, Vuillard, Petrowlski.

TOUS, approuvant.

C'est juste!...

RABAGAS, à Petrowlski.

Quant aux forces ennemies!... Douze gardes du corps, dix gendarmes, huit sergents de ville, en tout, trente hommes!

PETROWLSKI, avec force, reprenant le milieu.

Je les écraserai!...

VUILLARD.

Plus les propriétaires!...

CHAFFIOU.

Les bourgeois, malheur!... quand est-ce qu'ils ont empêché une révolution, ceux-là?

CAMERLIN.

Jamais!

RABAGAS.

Au contraire... Vous voyez, général, que la partie est belle! agissons!

PETROWLSKI.

Tout de suite!

RABAGAS.

Cette nuit même!... Ce soir, concert et dîner à la cour... et cette nuit!... le bal!

TOUS.

Bravo!

RABAGAS, à Vuillard.

Vuillard, une civière.

VUILLARD.

Bon!

RABAGAS, à Camerlin.

Toi!... une douzaine de torches!

CAMERLIN.

C'est fait!

RABAGAS, à Desmoulins.

Toi, l'argent! (A Chaffiou.) Toi, une dizaine de tes amis, fort braillards!

CHAFFIOU.

Je les ai!...

RABAGAS.

A onze heures. — Rendez-vous au *Crapaud-Volant :* on campe sur la civière cette brute de Rapiat!... qui est ivre-mort, et que Camerlin entretient dans cet heureux état!... dût-il en crever pour de bon!...

CAMERLIN.

C'est dit!...

RABAGAS.

Chaffiou et sa bande le promènent par la ville en vociférant!...

CHAFFIOU, criant à demi-voix et enroué.

Vengeance!...

RABAGAS.

Le peuple se lève!... Le général s'habille et saute à cheval!... On marche au palais!... Et une fois lancés!...

VUILLARD.

Et si le coup rate?

RABAGAS.

Nous dirons que c'est la police qui l'a fait!...

TOUS.

Parbleu!

RABAGAS.

Mais pas d'erreur, ni de défaillance!

CAMERLIN, effaré, regardant par la fenêtre.

Un gendarme!...

TOUS, effarés et courant aux portes.

Un gendarme!... (Ils détalent de tous les côtés vers les issues. — Petrowlski s'abrite, courbé derrière la table.)

RABAGAS.

Du calme!... (A mi-voix, à Camerlin.) Il est seul?...

CAMERLIN, à la fenêtre, regardant avec précaution.

Seul!

RABAGAS.

Parle-lui gentiment!

CAMERLIN, sur la terrasse.

Eh! gendarme!... Que demandez-vous?...

LE GENDARME, dehors.

M. Rabagas!

RABAGAS, prêtant l'oreille.

Hein?

CAMERLIN.

Absent!

RABAGAS, bas.

Bien!

CAMERLIN.

Mais si c'est quelque chose qu'on puisse lui dire?...

LE GENDARME.

Une lettre?

RABAGAS, surpris.

Pour moi?

CAMERLIN.

Haussez-vous sur la selle, et donnez-la-moi; je lui remettrai!...

LE GENDARME.

Voilà!...

CAMERLIN.

Merci!... Buvez un coup en bas!

LE GENDARME.

Je n'ai pas le temps, nous sommes consignés!

PETROWLSKI.

Ah!

CAMERLIN, redescendant avec la lettre.

Parti!... Voilà!...

RABAGAS, sautant dessus.

Donne donc!... (Regardant le cachet.) De la cour!... (Il ouvre d'une main fébrile.)

TOUS.

De la cour!...

RABAGAS, lisant avec une joie contenue et mal dissimulée.

« Par ordre de Son Altesse le prince de Monaco, M. Rabagas est invité au concert... » (Stupeur de tous.)

VUILLARD, prenant la carte.

T'inviter!

CHAFFIOU.

Plus qu'ça de toupet! (Ils regardent.)

RABAGAS, à lui-même, radieux, s'oubliant.

Allons donc!... Ils se décident!... Il est temps!...

VUILLARD.

Ah! il en est tout fier!...

RABAGAS.

Pour nous!... Je crois bien!... Un tel succès!... Le pouvoir qui nous ouvre sa porte à deux battants!...

VUILLARD, avec envie.

Pas à nous... A toi!

RABAGAS.

C'est la même chose!... C'est le peuple entier!... qui est invité avec moi!

VUILLARD et CHAFFIOU, grognons.

Mais non

RABAGAS.

Si!...

CAMERLIN.

Enfin, tu n'iras pas... ainsi!...

RABAGAS, sautant sur la carte, qu'il lui reprend.

Je n'irai pas!

TOUS.

Tu iras?

VUILLARD.

Au palais?

RABAGAS.

Ah! c'est dur, je le sais!... mais!...

CHAFFIOU, indigné.

Le pur des purs!...

CAMERLIN, de même.

Un soir d'émeute!

RABAGAS, vivement.

Justement!... Voilà ce qui m'y condamne!... Est-ce que le gendarme ne vous a pas dit... ils sont consignés!... Donc on redoute un coup pour cette nuit!...

CAMERLIN.

Peut-être.

RABAGAS.

Sûrement!... Et l'on se dit : Rabagas mène tout !... Invitons Rabagas!... S'il vient, rien à craindre!... Et vous voulez que je leur crie par mon absence : Tremblez, au contraire!... Et tenez-vous pour avertis!... car si je ne suis pas au Palais !... c'est que je descends dans la rue!...

PETROWLSKI.

Je...

RABAGAS, vivement, l'interrompant.

Oh! vous comprenez, vous! Il me comprend, lui, l'homme de guerre!... Tandis que ma vue les rassure... elle endort leurs soupçons!... Je les magnétise... c'est admirable!... Et vous les frappez en pleine sécurité... grâce à mon dévoûement!...

DESMOULINS et PETROWLSKI.

Il y a du vrai!

VUILLARD.

Je ne trouve pas!

CHAFFIOU.

Et si c'est pour t'arrêter qu'on t'invite!...

RABAGAS.

M'arrêter!...

TOUS.

Ah!

RABAGAS, avec sentiment.

Merci pour ce mot, frère!... Il me dicte mon devoir!... Une menace! un péril!... Je n'ai plus le droit d'hésiter!... J'y cours!...

CAMERLIN, l'arrêtant.

En culotte?

RABAGAS.

Hein!

CAMERLIN.

Dame, on n'est reçu qu'en culotte!... — Lis.

RABAGAS.

Eh bien! soit!... Un sacrifice de plus!... Je ne les compte pas!... (Même jeu pour sortir.)

VUILLARD, lui barrant le passage à la porte.

Tu la mettras?

RABAGAS.

J'en aurai le courage!

TOUS, l'entourant, avec indignation..

Une culotte!

RABAGAS.

Après tout, ce n'est qu'un pantalon trop court!...

CAMERLIN.

C'est la livrée de la servitude.

RABAGAS.

J'en ferai le masque du dévouement!...

VUILLARD.

Ta culotte, renégat!... c'est l'apostasie de tout 89!

RABAGAS, en descendant.

Allons! allons! voyons!... n'exagérons rien!... Robespierre l'a toujours portée!...

VUILLARD, sombre.

Ce n'est pas ce qu'il a fait de mieux !

CAMERLIN, VUILLARD et CHAFFIOU, avec énergie.

Non! Tu ne la mettras pas! non!

TOUS, insistant.

Un pantalon, Rabagas!

CAMERLIN.

Devant toute la cour !

CHAFFIOU.

Quelle affirmation de nos glorieux principes!...

RABAGAS, criant.

Mais je vous dis qu'on me mettra à la porte!... Mais, sacré mâtin!... Lisez donc, mille diables!... *frac* et *culotte, culotte, culotte!...*

TOUS.

Alors, n'y va pas !

RABAGAS, exaspéré.

Et notre émeute avortera!... pour n'avoir pas voulu se fourrer!... mais c'est idiot!... c'est idiot!... (Il passe à l'extrême droite.)

VUILLARD.

Rabagas, prends garde!... C'est par la culotte qu'on commence, et c'est par les décorations qu'on finit !

RABAGAS, les mains au ciel.

Allons, je suis un traître, maintenant!

CAMERLIN.

Après tout!...

PETROWLSKI.

Il a raison...

VUILLARD.

Allez donc!... Les lâcheurs!...

CAMERLIN.

Silence aux Hébertistes!...

VUILLARD.

Crapauds du marais!... va!...

CAMERLIN.

Dis donc, toi!...

RABAGAS, inquiet du bruit.

Mais taisez-vous donc!... malheureux!...

CAMERLIN, baissant la voix, et sautant sur le canapé de gauche.

Votons!

DESMOULINS.

C'est ça!...

CAMERLIN.

Que ceux qui sont pour la culotte lèvent la main!... (Camerlin, Petrowlski et Desmoulins, lèvent la main.)

RABAGAS.

Trois!...

CHAFFIOU.

Ceux contre!...

VUILLARD.

Et s'il n'en reste qu'un!... Je serai celui-là!... (Il lève la main, Chaffiou l'imite.)

ACTE DEUXIÈME.

RABAGAS.

La culotte est votée!... (Il s'élance vers la porte, en prenant son chapeau.)

CHAFFIOU.

V'là le suffrage!... C'est dégoûtant!...

CAMERLIN.

Mais c'est convenu!... Nous t'attendons!

RABAGAS, prêt à sortir.

A onze heures!... Ici!... pour le signal!...

DESMOULINS.

Qui sera?

RABAGAS.

Une fusée lancée de cette fenêtre!

TOUS.

Bien!

RABAGAS, redescendant un pas.

Et pas de bêtises, diable!... ne commencez rien sans ça!... Je serais propre, moi là-bas!...

CAMERLIN.

Sois tranquille!

CHAFFIOU.

Et si tu ne reviens pas!

RABAGAS, majestueux, sur le seuil.

Vengez-moi!...

TOUS, étendant la main.

Nous le jurons!

CAMERLIN.

Mais réfléchis bien encore!... Tu es décidé?

RABAGAS.

A tout!... (A lui-même, à part.) Merci!... Une occasion pareille!... Je ne la retrouverais pas!

CAMERLIN.

Alors, à onze heures !...

RABAGAS, se sauvant, du seuil.

A onze heures !

TOUS.

A onze heures !...

VUILLARD, serrant la main de Chaffiou d'un air ténébreux.

Chaffiou, veillons !...

CHAFFIOU.

Un sans-culotte en culotte !... malheur !...

ACTE TROISIÈME

Un grand salon du palais, en forme de rotonde, et tout décoré de peintures à fresques sur les murs et au plafond. — Au fond, trois grandes arcades ouvertes sur un autre salon. — A droite, premier plan, et très-apparente, une large fenêtre ouvrant sur un balcon, très-apparent. — A gauche, grande porte d'appartement au second plan. — Haute cheminée au premier plan. — Table au milieu de la scène, canapé à gauche, fauteuil à droite.

SCÈNE PREMIÈRE.

BOUBARD, LE CAPITAINE, FLAVARENS, LA BARONNE, MADEMOISELLE DE THÉROUANE, BRICOLI, Dames, Officiers, etc. Tout le monde assis ou groupé, puis SOTTOBOIO et CARLE.

LA BARONNE, assise sur le canapé.

Eh bien ! ce concert. Il est huit heures !

FLAVARENS, derrière elle, debout.

Les musiciens arrivent, chère baronne. Ils s'installent !...

MADEMOISELLE DE THÉROUANE.

Vous avez un programme ?

FLAVARENS.

Le voici !...

MADEMOISELLE DE THÉROUANE.

Merci !

LA BARONNE.

Et Son Altesse ?

FLAVARENS.

Au jardin.

MADEMOISELLE DE THÉROUANE.

Avec mistress Blounth ?

FLAVARENS.

Oui !

LA BARONNE, à demi-voix avec dépit.

Décidément, c'est une favorite !

LE CAPITAINE, à Sottoboïo qui entre par le fond avec Carle.

Eh bien ! M. le gouverneur ?

SOTTOBOÏO.

Eh bien, l'agitation se dessine...

VINTIMILLE.

Oh ! (Mouvement de tous pour écouter.)

CARLE.

Il y a, en effet, grande foule aux alentours de la place. Et j'ai eu peine à me frayer un chemin.

LA BARONNE.

Et qu'est-ce qu'ils disent ?

CARLE.

Rien, jusqu'à présent.

LE CAPITAINE.

Vous verrez que la journée ne se passera pas sans émeute !...

MADEMOISELLE DE THÉROUANE, effrayée.

Une émeute ?

SOTTOBOÏO [1].

C'est l'opinion de Bricoli.

LE CAPITAINE.

Que voulez-vous, Son Altesse recule toujours devant les mesures énergiques ! Hier au soir encore, nous pouvions tout

---

1. Boubard assis. — Sottoboïo et la baronne sur le canapé. — Carle derrière debout. — Mademoiselle de Thérouane assise sur le fauteuil. — Le capitaine, Flavarens, Bricoli, debout.

cueillir!... Mais la nouvelle dame du palais n'a pas été de cet avis!...

LA BARONNE, aigrement.

Oh! alors!...

SOTTOBOÏO, assis à côté d'elle.

Bon, bon! Je suis là!... Et certaine proclamation que j'ai préparée à tout hasard!

FLAVARENS, à Bricoli, à part.

Il est bon là, avec sa proclamation! (Haut.) Il n'y a qu'un moyen! une bonne charge de cavalerie! Demandez plutôt au colonel qui a vu toutes les révolutions de Paris! (Tout le monde se tourne vers Boubard assis à la cheminée et lisant tranquillement son journal.)

BOUBARD, avec importance, se levant et pliant son journal.

La charge de cavalerie a du bon, au début, parce que le peuple n'est pas encore sacré! — Plus tard, c'est délicat!...

TOUS.

Ah!

VINTIMILLE.

Comment, sur des séditieux?

BOUBARD.

C'est encore une question d'heure! J'ai vu à Paris des gens qui étaient des séditieux à midi et qui étaient le gouvernement à quatre heures.

CARLE.

Mais alors à quoi distingue-t-on une émeute d'une révolution?

BOUBARD, gravement, traversant la scène.

C'est bien facile! L'émeute, c'est quand le populaire est battu; tous des vauriens!... La révolution, c'est quand il est le plus fort; tous des héros!

UN HUISSIER, au fond.

Son Altesse! mesdames! (On voit le prince paraître au fond donnant le bras à Eva, et traverser le salon du fond de droite à gauche, tout le monde se lève et sort, en le suivant.)

CARLE.

Eh bien! André, où donc est-il? (André paraît à droite, cherchant Carle, l'aperçoit et descend vivement, tandis que tout le monde s'éloigne.)

SCÈNE II.

CARLE, ANDRÉ.

CARLE.

Ah! je te cherchais! Tu les as vus?

ANDRÉ.

Ah! oui, je les ai vus!

CARLE.

Eh bien?

ANDRÉ, baissant la voix.

Eh bien! Quand je te l'ai dit, que ces gens étaient à craindre, avec leur odieux journal!

CARLE, inquiet.

Ah!

ANDRÉ.

On a reconnu l'uniforme des gardes!

CARLE.

Impossible!

ANDRÉ.

Impossible! Le Rabagas me l'a dit, en propres termes!

CARLE.

Cet homme a eu le temps, dans sa chute?

ANDRÉ.

Il est mort!

CARLE.

Mort!

ANDRÉ.

Sur le coup!

CARLE.

Tué par moi!

ANDRÉ.

Ils le disent!

CARLE.

Et s'ils mentent!... Il fallait s'en assurer!

ANDRÉ.

Ah! tu en parles bien à ton aise, toi! Tu me fais perdre la tête avec tes folies! Mon trouble à cette nouvelle!... Tous ces yeux méchamment fixés sur moi... J'ai senti que j'allais commettre quelque imprudence, et je n'ai plus eu qu'une idée!... sortir!

CARLE.

Il n'est pas mort! — Ce n'est pas possible!

ANDRÉ.

Enfin, mort ou non! — C'est un affreux scandale; leur journal en parle et en parlera : demain, ce soir, le Prince peut tout savoir! — Et alors... —

CARLE.

Alors nous verrons!...

ANDRÉ.

Trop tard! — Tu es sur une pente affreuse, Carle! — Arrête-toi... je t'en supplie! — Où te mène cette affreuse passion? — A ta perte! à la sienne! — Votre secret n'est plus à vous! — Il est prêt à courir les rues! — C'est le déshonneur pour elle,... et pour toi l'exil! — Enfin tu sais si mon amitié s'égare sur ce qui est toi!... Eh bien, je prévois d'horribles dangers, et cela finira mal!...Je le sais!... Je le sens!... Je te le jure!...

CARLE.

Et quelle fin plus affreuse que de briser moi-même un amour qui est toute ma vie?

ANDRÉ.

Mais malheureux, enfin!... Qu'espères-tu?... Que son Altesse apprenant tout, consentira?... mais c'est insensé?...

CARLE.

Ah! Je le sais bien!...

ANDRÉ.

Eh bien! alors, quoi, dis!... Parle!...

CARLE.

Eh! que sais-je?... Tu raisonnes, toi!... Cela t'est bien facile!... Est-ce que je raisonne, moi? Si j'avais le sang-froid voulu pour t'obéir, je l'aurais eu d'abord pour ne pas l'aimer!... Tout ce que tu dis là, crois-tu que je ne me le sois pas dit cent fois avant toi?... Oui, c'est insensé; oui, c'est fatal et sans issue!... Douleur, péril, j'ai tout prévu!... tout!... mais je l'aime!... L'abîme où j'allais, je l'ai vu ; mais je l'aime; et j'y cours!... Et c'est quand j'y glisse déjà que tu me cries d'arrêter!... Eh! malheureux!... Pousse-moi donc plutôt, que je roule tout de suite au fond, et que ce soit fini!...

ANDRÉ.

Et elle?

CARLE.

Elle?

ANDRÉ.

Oui!... Alors, tu t'arroges le droit de l'associer à ton désastre? Et ce courage du sacrifice que tu n'as pas pour toi, tu ne te crois pas obligé de l'avoir pour elle?...

CARLE.

Et que veux-tu que je fasse,... dis?

ANDRÉ.

Ton devoir!

CARLE.

Et lequel?

ANDRÉ.

Va-t'en!

CARLE.

Et où irai-je?

ACTE TROISIÈME.

ANDRÉ.

Partout où elle ne sera pas!...

CARLE.

Hélas!... Je n'y serai plus moi-même!...

ANDRÉ.

Et voilà ce que l'amour peut faire d'un honnête homme!...

CARLE.

André!...

ANDRÉ.

Ah! Je te dis ce que je pense!... Tu es un égoïste et un lâche!...

CARLE.

Partir!... Quel conseil aussi!...

ANDRÉ.

Le bon! — Coupe un bras... Et sauve le reste!...

CARLE.

Ah! si je pouvais!

ANDRÉ.

Essaye du moins... Carle, mon ami, mon frère, je t'en conjure!...

CARLE, hésitant.

Eh bien?...

ANDRÉ, vivement.

Ah! c'est promis!... Tu pars?...

CARLE.

Peut-être!...

ANDRÉ, de même, le pressant.

Si!... Si... Tu pars!

CARLE.

Eh bien! oui!... Demain!

ANDRÉ.

Pourquoi pas ce soir?

####### CARLE.

La veille d'une émeute!... Fuir le danger!...

####### ANDRÉ.

Ah!... Quelle raison!...

####### CARLE.

Laisse-moi du moins le temps de m'y préparer.

####### ANDRÉ.

Soit!... Mais demain!...

####### CARLE, cherchant une défaite.

Puisque c'est dit!

####### ANDRÉ.

Sur ton honneur!... Sur notre amitié! (Eva paraît au fond.)

####### CARLE.

Oui... je!... Silence, mistress Blounth!

####### ANDRÉ.

Oh! tu le feras!... Et je te sauverai malgré toi! C'est moi qui te le jure!...

SCÈNE III.

LES MÊMES, EVA.

####### EVA [1].

Comment, messieurs... Vous n'êtes pas au concert?

####### ANDRÉ.

Si!... madame, si... nous nous y rendions!...

####### EVA.

On commence l'ouverture.

1. Carle, André, Eva.

ACTE TROISIÈME.

ANDRÉ.

Allons!... Viens-tu, Carle?... madame. (Il entraîne Carle par la gauche.)

EVA.

Oh! oh!... Le chevalier a l'air bien ému!... Qu'y a-t-il donc?... Et pas de Rabagas!... Je me serais à ce point trompée sur son compte!... Jamais!... Voyons!... Quel intérêt Rabagas peut-il bien avoir à ne pas venir?... Aucun!... Alors il viendra, c'est clair, attendons!... (Gabrielle paraît au fond.) Tiens! la princesse!...

SCÈNE IV.

EVA, GABRIELLE.

GABRIELLE, cherchant du regard, puis apercevant Eva.

Ah!... Vous êtes là, madame... Et pas au concert?

EVA.

Mais Votre Altesse elle-même?

GABRIELLE, devant la glace de la cheminée, feignant de rajuster sa coiffure.

Oh! je n'ai pas la tête à la musique ce soir!

EVA.

Votre Altesse attend quelqu'un?

GABRIELLE, vivement.

Mon Dieu, non!

EVA, à part.

Si!...

GABRIELLE, négligemment.

Vous êtes seule dans ce salon?...

EVA, l'observant.

J'arrive au moment où en sortent M. de Mora... et le chevalier!...

GABRIELLE.

Ah!... Ils allaient sans doute au concert?

EVA.

Sans doute!...

GABRIELLE, à part, avec dépit.

Le maladroit,... au lieu de deviner!

EVA, à part.

Décidément je ne m'étais pas trompée, il y a quelque chose...

GABRIELLE, à part.

Il reviendra!... (Haut.) Alors, puisque ni vous ni moi, madame, ne sommes en goût de musique, si vous voulez, nous allons tuer le temps de compagnie. (Elle lui fait signe de s'asseoir, et prend place sur le canapé.)

EVA, avançant le fauteuil pour s'asseoir à côté d'elle.

Votre Altesse est trop bonne!...

GABRIELLE.

Non! non!... Ce n'est pas de la bonté!... Vous me plaisez beaucoup!... Oh! vous m'avez plu tout de suite!...

EVA, assise.

Je suis heureuse!...

GABRIELLE.

Moi, c'est comme cela, voyez-vous... à première vue c'est fait!... J'aime ou n'aime pas!...

EVA.

Ah!...

GABRIELLE.

Et quand je n'aime pas!... je ne sais pas le cacher.

EVA, souriant.

Pas plus que lorsque vous aimez!

GABRIELLE.

Non plus!... Je tiens cela de papa, du reste!...

ACTE TROISIÈME.

EVA.

Oh! Son Altesse!...

GABRIELLE.

Comme moi; quand il a pris quelqu'un en grippe...

EVA.

Ah! vraiment!...

GABRIELLE.

Et tenez!... par exemple... mon cousin... Je ne sais pas si vous l'avez remarqué!...

EVA.

Le chevalier, je pense...

GABRIELLE.

Carle. Oui!... Eh bien, je ne sais pas pourquoi papa est avec lui d'une rigueur!...

EVA.

Vraiment!...

GABRIELLE.

Et figurez-vous bien que c'est très-injuste!... Carle lui est très-dévoué. (Avec chaleur.) Il est si bon, si doux, si affectueux!...

EVA, à part.

Parlez-moi de cet âge-là pour tout dire.

GABRIELLE.

Et puis beau!... Vous ne trouvez pas?

EVA.

Si! si... Oh! très-beau!

GABRIELLE.

Eh bien! papa ne peut pas le souffrir!

EVA.

Oh! c'est singulier, et pourquoi cela?

GABRIELLE.

Voilà ce que je ne peux pas obtenir de lui. Pourquoi?... Une idée, missess,... vous devriez le lui demander, vous!...

EVA.

Moi?... Mais, princesse, à quel titre?...

GABRIELLE.

Ah!... vous avez, vous, beaucoup d'influence sur papa!...

EVA, à part.

Voyez-vous la rusée!... (Haut.) Mon Dieu, beaucoup d'influence!...

GABRIELLE.

Si! si!... Oh! je l'ai bien vu hier au soir... Et alors je me suis dit... (S'interrompant, comme pour regarder le bracelet d'Eva.) Ah! c'est joli, ce que vous avez là!... C'est de Paris?

EVA, souriant en la regardant penchée sur le bracelet.

C'est de Paris!...

GABRIELLE, gardant dans sa main la main d'Eva.

C'est très-joli!... Je me suis dit: Mistress Blounth paraît si bonne... Je suis bien sûre qu'elle ne me refusera pas, elle!...

EVA.

Mon Dieu, si je croyais!...

GABRIELLE, vivement.

Oh! je vous en prie!... Je vous en serai si reconnaissante!... Voyez-vous, je suis un peu seule, moi!... J'étais toute petite, quand ma pauvre maman est morte, et je n'ai vu autour de moi que des personnes si guindées... ou si fausses... Ainsi la dernière dame... Dieu, qu'elle me déplaisait avec son air pincé!... Et pas une amie à qui parler à cœur ouvert, c'est bien triste parfois! On a tant de petites choses à raconter, n'est-ce pas?

EVA.

Mais cette charmante personne qui vous paraît si dévouée?

GABRIELLE.

Ma lectrice! Oh! une enfant... — On ne peut pas causer avec elle!... Tandis que vous... (Câlinant.) Si vous vouliez me conseiller, m'aider un peu?...

EVA.

De tout mon cœur!...

GABRIELLE.

Vrai!... Oh! je vous aime bien!... Ainsi, par exemple, papa veut me marier... Si on pouvait lui faire comprendre qu'il n'y a qu'un mari possible pour moi.

EVA.

Votre cousin?

GABRIELLE, vivement.

Vous l'avez deviné?...

EVA.

Mais oui!...

GABRIELLE.

Ah! voyez-vous!... Dites qu'il n'y a pas de sympathie entre nous!

EVA.

Oh! si!...

GABRIELLE.

Pensez donc, Carle et moi, nous avons été élevés ensemble! Et j'ai toujours été faite à cette idée qu'on nous marierait plus tard! c'est si naturel, n'est-ce pas?... Et remarquez bien qu'on ne m'a jamais dit le contraire... mais jamais! Si on m'avait prévenue encore!... Non, on me laisse bien m'ancrer dans cette idée-là; et puis un jour, on me dit brusquement : — Ah! mais non, non! ce n'est pas lui qu'il vous faut! — Mettez-vous à ma place!... Est-ce que ce n'est pas trop tard?... J'ai voulu obéir! J'ai tout fait!... oh! tout, pour ne plus l'aimer!... Eh bien, je ne peux pas... vrai, ce n'est pas ma faute... Je vous jure que je ne peux pas!...

EVA.

Eh bien, une larme!...

GABRIELLE.

Ah! c'est que ç'est bien triste aussi d'être contrariée pour une chose si simple!... Il m'aime tant!... et puis nous sommes si bien faits l'un pour l'autre. Il m'a portée dans ses bras, il m'a fait jouer quand j'étais toute petite; est-ce que c'est un inconnu qui remplacera ces souvenirs-là?... Et un jour, il m'a retirée d'un bassin, où je me noyais!... Est-ce que papa devrait oublier cela!... — C'est d'une ingratitude!...

EVA.

Il est certain que voilà un titre!

GABRIELLE, étourdiment.

Mais c'est un titre... C'est ce que je disais à Carle! cette nuit!...

EVA, vivement.

Cette nuit!...

GABRIELLE, s'apercevant de son oubli.

Oh!

EVA, inquiète.

Comment, cette nuit?

GABRIELLE.

Au fait... puisque vous êtes mon amie, je ne veux rien avoir de caché pour vous.

EVA, de même, vivement.

Mais, parlez, princesse!... cette nuit!...

GABRIELLE.

Oui, voici ce qui est arrivé!... Avant, et jusqu'à la fin de la semaine dernière, Carle faisait de la musique, avec moi... nous dessinions ensemble. Et nous causions, nous étions heureux... Vous pensez!... Il y a huit jours... défense absolue de continuer!... alors...

EVA, très-anxieuse.

Alors?

GABRIELLE.

Alors... plus moyen de se voir, de se parler!...

EVA, de même.

Alors?

ACTE TROISIÈME.

GABRIELLE.

Alors, la nuit, quand tout dort au palais, Carle entre dans le jardin réservé, par une petite porte, dont il a la clef, et nous causons bien tranquillement, par la fenêtre de mon oratoire...

EVA.

Ah!

GABRIELLE.

Et c'est si charmant, la nuit aux étoiles! — Ah! c'est charmant!

EVA.

Peut-être! mais c'est très-mal!

GABRIELLE, frappée.

Ah! c'est très-mal! Vous croyez, n'est-ce pas?

EVA.

Si je le crois!

GABRIELLE, ingénument.

Oui. C'est ce que je me dis parfois! Ce n'est peut-être pas très-bien, ce que nous faisons là!

EVA.

Je vous en réponds!

GABRIELLE.

Voyez comme j'ai besoin de vos bons conseils! Je sentais que j'avais tort! je le lui ai dit! mais il ne veut pas me croire!

EVA.

Mais c'est très... très-mal!... Comment, des rendez-vous, la nuit, avec un jeune homme!...

GABRIELLE, vivement.

Oh! pas avec un jeune homme!... Avec lui!

EVA.

Voilà bien le danger!

GABRIELLE.

Dans le jardin! oh! quel danger, puisqu'il est là!

EVA, à part.

O innocence! (Haut.) Mais celui d'être vus, par exemple!

GABRIELLE.

Ah! cela, oui, papa serait bien en colère!...

EVA.

N'est-ce pas assez?

GABRIELLE.

Oh! si!

EVA.

Il faut donc, vite, vite, couper court à ces entrevues, et ne plus jamais vous trouver ensemble, ni la nuit, ni le jour!

GABRIELLE, naïvement.

Eh bien, et où le verrai-je, alors?

EVA.

Ici?

GABRIELLE, debout.

Devant tout le monde!... Oh! mais non! non, non! ce n'est pas assez!

EVA, de même.

Princesse, m'avez-vous dit que vous comptiez trouver en moi une amie dévouée?

GABRIELLE.

Oh! cela, oui!

EVA.

Eh bien, mes conseils, mon aide sont à ce prix! Et si j'emploie mon petit crédit à solliciter de Son Altesse un meilleur accueil pour le chevalier, c'est à la condition que ce chevalier-là n'en sera pas indigne!...

GABRIELLE, mécontente.

Et si je refuse!

EVA.

Si Votre Altesse refuse, après avoir été confidente de la faute... je n'en serai certes pas la complice!...

ACTE TROISIÈME.

GABRIELLE.

Et vous direz à papa?

EVA.

Oh! fi, princesse. Je ne dirai rien, et je vous laisserai seule juge de votre propre conduite.

GABRIELLE.

C'est bien!... n'en parlons plus!

EVA.

Je suis heureuse que Votre Altesse m'autorise à rompre un entretien très-pénible pour moi!... (Fausse sortie.)

GABRIELLE, luttant, puis décidée.

Missess! Arrêtez! je promets! je promets!

EVA, redescendant, vivement.

De ne plus le voir en secret!

GABRIELLE.

Je le promets! Pardonnez-moi! Je vous ai mal parlé, tout à l'heure... Si! si! je le sais! J'ai agi en enfant gâtée, que je suis! mais je suis si mal entourée! Il ne faut pas m'en vouloir!... J'ai la tête un peu mauvaise, parfois; mais, au fond, je ne suis pas méchante, je vous assure! Et je ne demande qu'à vous obéir et qu'à bien faire! Voulez-vous me pardonner, dites?... le voulez-vous?

EVA.

Ah! grand Dieu! avec une joie!...

GABRIELLE.

Alors, embrassez-moi! Je serai si heureuse!

EVA, l'embrassant.

Ah! chère!...

GABRIELLE, vivement

Enfant! dites enfant! Vous alliez le dire!

EVA.

Eh bien, chère enfant, oui, oui!...

GABRIELLE.

Ah! que vous êtes bonne pour moi, et que je vous aime! Silence, on vient! (Elle remonte.)

EVA, à elle-même.

Et pas de mère pour adorer cela! Quelle tristesse!

SCÈNE V.

EVA, GABRIELLE, LE PRINCE, BOUBARD,
qui reste au fond.

GABRIELLE, à son père.

Qu'as-tu donc?... Tu as l'air tout soucieux!

LE PRINCE.

Oui! oui! mais ce ne sont pas des affaires de petites filles!

GABRIELLE.

Mais quoi donc?

LE PRINCE.

Va, mignonne, va! Il ne faut pas que nous soyons tous absents de ce concert!

GABRIELLE.

J'y vais; mais, c'est égal! On ne veut pas absolument admettre que j'ai dix-sept ans!

LE PRINCE.

Mille pardons! princesse! — Daignez offrir votre bras au colonel, et veuillez aller représenter le gouvernement!

GABRIELLE.

Enfin! Est-ce de la politique?

LE PRINCE.

Oui!

GABRIELLE.

Oh! alors!... Colonel! fuyons! J'aime encore mieux la musique. (Ils sortent.)

SCÈNE VI.

LE PRINCE, EVA.

EVA.

Vous n'êtes pas content. Qu'y a-t-il?

LE PRINCE, regardant du côté de la place.

Eh! ma chère missess! Il y a cette agitation de la ville, qui ne fait que s'accroître avec la nuit!...

EVA.

Ah!

LE PRINCE.

Voyez! là... sur la place!

EVA.

Une masse noire, oui! (Elle traverse tranquillement, pour aller vers la cheminée.) Mais comme toujours, apparemment, quand il y a fête au palais!

LE PRINCE [1].

Non! non! non! pas comme toujours! Celle-ci est encore silencieuse... mais pour hostile, demandez à Bricoli!

EVA, devant la glace.

Enfin, vous prenez des mesures, je pense?...

LE PRINCE.

Et lesquelles? Je répugne à la violence. Un peloton de cavalerie disperserait tous ces groupes!... Mais c'est toujours quelque femme, quelque enfant blessés! Et cela est déplorable.

EVA, tranquillement.

C'est vrai! D'ailleurs, quand on a mieux!...

LE PRINCE, surpris.

Mieux?...

1. Eva, le prince.

ÉVA.

Eh! oui, quelqu'un qui va nous calmer cela par enchantement!

LE PRINCE.

Et qui ça, bon Dieu?

ÉVA.

Rabagas!

LE PRINCE, très-surpris.

Rabagas? Comment?

ÉVA, même jeu, s'éventant.

Ah! je ne sais pas, moi; il vous le dira tout à l'heure.

LE PRINCE.

Tout à l'heure!

ÉVA, redescendant tranquillement.

Mais oui, puisque je lui ai envoyé une invitation pour le concert.

LE PRINCE.

A lui?

ÉVA.

Vous m'avez donné carte blanche! Je l'ai remplie, voilà tout!...

LE PRINCE, stupéfait.

Comme ça!... Sans crier gare!...

ÉVA, riant.

Oh! non! Je l'ai vu, d'abord!

LE PRINCE, effaré.

Où ça?

ÉVA.

Au *Crapaud-Volant!* Et nous sommes même très-bons amis!...

LE PRINCE.

Missess!... vous me stupéfiez!... Rabagas ici!... Quelle horreur! Heureusement qu'il n'aura pas l'audace de venir!...

ACTE TROISIÈME.

EVA, gaiement.

Ah! c'est bien l'audace qui lui manque!

LE PRINCE.

Mais, seigneur, qu'espérez-vous de cette belle équipée?

EVA.

Tout ce que vous voudrez!

LE PRINCE.

Mais encore!...

EVA.

Eh bien, vous lui dites : Combien? Il répondra : Tant! Tope! Tope!... Et c'est fait!

LE PRINCE.

Mais c'est insensé!... mais cela ne se fait pas comme ça! mais quelle politique, bon Dieu!

EVA, gaiement.

La bonne! Vraiment, je ne sais pas, moi, mais depuis que je vois tout cela de près, c'est d'une simplicité, votre politique!... D'une part des gens qui ont tout, argent, honneurs et places!... De l'autre des gens qui n'ont rien! Les uns qui veulent tout garder! les autres qui veulent tout prendre! Ceux-ci qui trouvent tout bien. Ceux-là qui trouvent tout mal. Bref, à droite la digestion!... à gauche l'appétit! — Mais la voilà, votre politique dépouillée des grands mots qui l'obscurcissent, et réduite à son vrai ressort, que personne n'avoue. — Ce qui prouve bien que c'est le seul véritable!

LE PRINCE.

Vous êtes sévère pour les conservateurs!

EVA.

Mais pour personne! On nous attaque, nous nous défendons! C'est tout naturel! Seulement défendons-nous spirituellement! Nous dînons bien! et voici un affamé qui gronde à la porte! Invitons-le! Dès qu'il en sera, soyez tranquille, il ne renversera pas la table!

LE PRINCE.

Oui; mais quel convive!

EVA.

Oh! bien, nous verrons au dessert! C'est péché mignon de ruser avec lui, et j'y prends pour ma part un plaisir!...

LE PRINCE.

Vous êtes bien heureuse! Moi, il m'agace!...

EVA.

Alors, laissez-moi faire!

LE PRINCE.

Oh! je veux bien! mais il ne viendra pas!

EVA.

Gageons que si!

LE PRINCE.

Gageons que non! (Rabagas paraît au fond dans l'autre salon.)

EVA.

Le voilà!

LE PRINCE [1].

Lui! c'est bien lui! — Grand Dieu! Je le fuis!

EVA.

Et carte blanche, toujours?

LE PRINCE.

Toujours! (Fausse sortie, de la porte.) Au moins! missess! tâchez qu'il ne me prenne pas trop cher!

EVA.

Ah! Il faut ce qu'il faut! Sauvez-vous!... (Le prince disparaît. Rabagas descend.)

1. Le prince, Eva.

SCÈNE VII.

EVA, RABAGAS, en tenue de cour.

EVA, tendant sa main à Rabagas qui la baise.

A la bonne heure, monsieur! Son Altesse voulait gager avec moi que vous ne viendriez pas!

RABAGAS, sur la réserve.

Oh! madame! j'aurais trop l'air d'avoir peur!

EVA.

Et de quoi, grand Dieu?

RABAGAS.

De rien, je le sais, puisque cette invitation est votre œuvre... je vous devais en échange, au moins, un bon avis... l'écrire... impossible; il fallait donc vous voir, et c'est cela surtout qui m'amène... cela seul!...

EVA, s'asseyant.

Vous piquez bien ma curiosité, mais ne causerions-nous pas mieux assis?...

RABAGAS, refusant du geste.

Trois mots seulement, et je me retire!

EVA.

Si vite! parlez donc! — Cet avis est?...

RABAGAS.

De ne plus songer à faire venir nos malles, madame, mais à les aller retrouver (Mystérieusement.) le plus tôt possible!

EVA.

Ah! pourquoi?

RABAGAS.

Oh! ne m'en demandez pas davantage!

EVA.

Monsieur Rabagas, de grâce...

RABAGAS.

Non! non! vous me feriez dire plus que je ne veux!...

EVA.

Je vous en prie!

RABAGAS.

Ah! voilà ce que je craignais! l'entraînement! (Il s'assied.) Mais... je m'intéresse tellement à vous!...

EVA.

Et je vous en sais un gré! (A part.) Charlatan.

RABAGAS, mystérieusement.

Vous ne savez donc pas ce qui se passe dans la ville?

EVA.

Si! — On la dit un peu agitée.

RABAGAS, de même.

Très... très-agitée!

EVA.

Oh! vous croyez à une émeute?

RABAGAS.

A mieux que ça!

EVA.

Ah! contez-moi cela!

RABAGAS.

Oh! mais non... J'en ai déjà trop dit!

EVA.

Ainsi, vous venez me prévenir!... Ah! que c'est donc bien cela, monsieur Rabagas!

RABAGAS.

Mon Dieu! madame, on se figure trop facilement qu'il n'y a que des malotrus dans notre parti!... Nous ne faisons pas, moi du moins, une guerre de sauvages... surtout aux femmes! et aux femmes telles que vous! ainsi vous voilà avertie!...(Debout.) Partez ce soir, tout de suite!... Il n'est que temps! Ceci pour vous seule, toujours! Et maintenant, adieu! je n'ai plus rien à faire ici!... Et je me sauve! (Il lui baise la main, fausse sortie.)

EVA.

Monsieur Rabagas, encore un mot!

RABAGAS, à part.

Ça mord! (Revenant et haut.) Bien vite! je vous en prie!

EVA.

Voyons... voyons!... Soyez tout à fait généreux! Vous me recommandez le secret!

RABAGAS, levant la main au ciel.

Oh! je crois bien!

EVA.

Oui! mais pas pour le prince!

RABAGAS, jouant l'effroi.

Pour lui surtout!

EVA.

Mais c'est impossible!

RABAGAS.

Quoi, vous abuseriez?...

EVA.

Mais je ne peux pas partir ainsi, sans lui dire.

RABAGAS, même jeu.

Vous l'avez promis!...

EVA.

Mais je ne peux pas! ce serait indigne à moi! (Jouant le trouble.) Mon Dieu, vous me forcez à vous dire, ou plutôt à vous laisser comprendre... que l'amitié qui m'unit au prince!... Enfin, monsieur Rabagas, je ne puis pas l'abandonner! je ne peux plus!

RABAGAS, à part.

Allons donc!... Sa maîtresse, c'est ça!...

EVA, à part.

Tu me payeras ce mensonge-là, par exemple!

RABAGAS, jouant le grand effarement.

Mais alors, madame!... vous me mettez dans une situation épouvantable!

EVA.

Ah! que voulez-vous, son intérêt est le mien!

RABAGAS, s'agitant.

Mais, madame, il se trouve que, par intérêt pour vous, je suis presque un traître maintenant!...

EVA.

Voyons! voyons! monsieur Rabagas!

RABAGAS, de même, tombant assis.

Grand Dieu! quelle aventure!

EVA, qui le regarde, à part, souriant de sa comédie.

Voyons! tout cela peut s'arranger, je vous assure!

RABAGAS.

Et comment? le Prince va tout savoir!...

EVA.

Eh bien?

RABAGAS.

Eh bien! il prendra ses mesures, et l'émeute avortera!...

EVA, finement et baissant la voix.

Eh bien? — Vous tenez donc beaucoup à ce qu'elle réussisse?

RABAGAS.

J'y tiens! mon Dieu! mais dans l'état présent des choses!... Oui, je suis forcé d'y tenir!...

EVA.

Pourquoi?...

RABAGAS.

Eh! madame, vous en parlez bien à votre aise! La révolution, c'est ma carrière à moi. Si ce n'est qu'une émeute, je suis ruiné, voilà tout!

EVA.

Qui sait?

RABAGAS, dressant l'oreille.

Eh!

EVA.

Si ce que vous perdez d'un côté, on vous le rend de l'autre!

RABAGAS, la tête dans ses mains, à part.

Nous brûlons! (Haut.) Jamais!

EVA.

Raisonnons, pourtant!... On fait une révolution!... Bon, je l'admets!... Au profit de qui?... Du *Crapaud-Volant!*... Mais voyons, monsieur Rabagas! vos convictions... que je respecte... ne peuvent pas vous aveugler sur tout ce monde-là!

RABAGAS.

Je sais bien qu'il n'est pas distingué...

EVA.

Dites qu'il est laid, mal appris, grossier, horrible! Et vous voilà, vous, homme de cœur, de talent, d'esprit, de tact, de savoir, de génie, même!...

RABAGAS.

Madame!...

EVA.

De génie!... associé à des gens qui vous jalousent, vous détestent, comme leur supérieur!... (Geste d'assentiment de Rabagas.) Et comme un aristocrate que vous êtes... car par votre mérite, votre éducation, votre instinct du beau, du grand, du délicat, du fin!... vous l'êtes, monsieur Rabagas!...

RABAGAS.

J'avoue que...

EVA.

Est-ce qu'une femme s'y trompe?... convenez que vous n'avez

pas plus tôt franchi le seuil de ce palais, que vous vous êtes senti, ici, dilaté, heureux!... chez vous!...

RABAGAS.

C'est vrai!

EVA.

Ah! je vous connais bien, allez!... c'est que c'est ici votre vrai domaine!... mais ces gens-là, fi donc! est-ce qu'ils vous comprennent?... Vous me semblez un Paganini qui récolte des gros sous dans la rue, à jouer de l'orgue, quand son violon lui vaudrait au palais une moisson d'or, de sourires exquis et de bravos raffinés!

RABAGAS, alléché.

Je me le suis dit quelquefois!...

EVA.

Eh bien! laissez l'orgue!...

RABAGAS, à part.

Ça y est!... (Haut, feignant l'embarras.) Si vite?... Comme ça?

EVA.

Tout de suite!...

RABAGAS.

Pardon... mais ne trouverait-on pas, ici-même, que je change bien vite de convictions?

EVA.

Mon Dieu! monsieur Rabagas, permettez! je ne suis qu'une femme; mais j'ai assez pratiqué le monde pour savoir qu'en politique comme en toutes choses, on n'a jamais que la conviction de ses intérêts!

RABAGAS, à part.

Mais elle est très-forte!

EVA.

Si vous étiez né gentilhomme et riche, n'est-ce pas, vous seriez du parti de la cour, tout naturellement!... l'erreur du sort vous ayant fait peuple! vous n'avez pas le choix ; — il faut bien que vous soyez peuple!... Mais le jour où vous l'avez, ce choix; où votre intérêt s'oriente de gauche à droite!... est-ce qu'il n'est pas tout naturel que vos convictions tournent avec lui!... Elles ne changent pas pour ça!... Elles se déplacent, voilà tout!...

RABAGAS, à part.

Mais très-forte, cette femme... (Haut.) Vous avez, madame, une netteté, une précision de vues!... Toutefois, quand on a fait comme moi de l'opposition toute sa vie...

EVA.

Et que vouliez-vous faire de bonne foi?... Pourquoi soutiendrait-on un gouvernement dont on n'est pas?... On a tout intérêt à le combattre au contraire!... Car enfin, ou il tombe et on le remplace!... ou il reste!... et l'on s'y place!...

RABAGAS.

Quelquefois!...

EVA.

Toujours, quand on sait s'y prendre!... Enfin nous sommes gens d'esprit, n'est-ce pas, et ce n'est pas nous qui nous payons des mots!...

RABAGAS.

Non!...

EVA.

Non!... L'opposition n'est pas un but, c'est un moyen!...

RABAGAS.

Je dirai plus... chez moi, l'opposition n'a jamais été de la haine contre Son Altesse!... Jamais!...

EVA.

Mais je le sais bien!...

RABAGAS.

Au contraire!... c'était plutôt!... comment dire?

EVA.

De l'amour tourné à l'aigre!...

RABAGAS.

C'est ça!... La première opposition que l'on fait au pouvoir n'est jamais qu'une coquetterie!... C'est une façon de lui dire: « J'existe!... Tu me plais!... Remarque-moi!...»—Mais point! Le pouvoir fait la sourde oreille... Ce mépris vous irrite, vous exaspère, et peu à peu... la passion contrariée se transforme en une fureur... qui est encore de l'amour!...

EVA.

Celui de Phèdre!

RABAGAS.

C'est ça!

EVA.

Si bien que le jour où Hippolyte désarme...

RABAGAS.

On lui saute au cou!...

EVA, debout

Eh bien, carte sur table, monsieur Rabagas...

RABAGAS, de même.

Oh! madame, si cet entretien a un mérite, c'est bien celui d'une franchise!...

EVA.

Égale!... Vous êtes ambitieux!...

RABAGAS.

Mais!...

EVA, vivement.

Et vous avez bien raison!... Se sentir le dépositaire d'idées neuves, larges, fécondes, et rêver leur triomphe!... Quoi de plus légitime et de plus pur?... Moi aussi je suis ambitieuse, et je m'en vante!...

RABAGAS.

Ah!

ACTE TROISIÈME.

EVA.

Et ceci est un traité d'alliance que je vous offre!... Je serai Maintenon!... Voulez-vous être Louvois?...

RABAGAS, tremblant de joie.

Madame!...

EVA.

Mais Louvois et Maintenon d'accord cette fois, et doublement forts l'un par l'autre!...

RABAGAS, ravi.

Il est certain qu'à nous deux!... nous ferions des choses!...

EVA.

Immenses!...

RABAGAS.

Mais quel travail!...

EVA.

Oui, mais aussi quelle gloire!..

RABAGAS.

J'y laisserai ma vie!

EVA.

Monaco vous devra la sienne!

RABAGAS.

Oh! vous avez raison!... Ainsi comprise, l'ambition est une vertu!

EVA.

C'est un devoir!...

RABAGAS.

Non! l'on n'a pas le droit de priver le pays du bien qu'on peut lui faire!

EVA.

On ne l'a pas!...

RABAGAS.

Je me sacrifie!... Disposez de moi!...

####### EVA.

Merci!... mais!... (Elle met le doigt sur ses lèvres.)

####### RABAGAS.

Oh!

####### EVA.

Je vais agir!... Attendez-moi!...

####### RABAGAS, avec inquiétude.

Et vous êtes sûre que le prince?...

####### EVA, près de la porte.

Le prince... c'est moi!... (Prête à sortir, elle se retourne et lui fait du doigt le même signe que ci-dessus. — Rabagas lui répond du geste, la main sur son cœur. — Elle sort par la gauche.)

SCÈNE VIII.

RABAGAS, seul, après l'avoir suivie des yeux.

Mais c'est M. de Talleyrand, cette femme-là! — Enfin, j'y suis!... Et j'en suis!... Ministre, mon petit Rabagas, ministre!... Je te l'ai toujours prédit!... T'y voilà!... C'est fait!... Ouf!... au port!... (S'étalant sur le canapé.) Ah! qu'on est donc bien ici!... que c'est donc bon!... que c'est donc doux!... cette musique!... cet éclat des fleurs et des lumières!... Ce parfum de jolies femmes, qui ne daigneraient pas me regarder en ce moment, les bégueules!... et qui seront tout à l'heure à mes pieds!... Ah! que c'est bien la vraie vie, la bonne!... la seule!... Grand Dieu!... être aussi de la fête, et ne plus la regarder, avec la foule, par le trou de la serrure!... Voir d'en haut patauger les autres, et les éclabousser à mon tour, ces insolents favoris de la fortune, qui me raillaient, dès le collége, sur mes pantalons trop courts et sur les bas de laine que me tricotait ma paysanne de mère!... Rendre enfin mépris pour dédain!... quel plaisir! la belle revanche!... (Debout.) et que je vais donc me remettre du *Crapaud-Volant!*... (Vivement.) Tiens!... au fait!

(Il regarde l'heure.) Non! Neuf heures... j'ai le temps; je ne leur ai promis le signal que pour onze, et, d'ici là... (A un valet qui passe, portant un plateau, sans le lui présenter, avec insolence.) Eh bien! et moi?...

LE VALET.

Pardon, monsieur!...

RABAGAS.

C'est bien!... Je n'en veux pas!... (Le valet, surpris, s'éloigne. — Debout.) Cette valetaille! Il faut l'habituer à son maître...

SCÈNE IX.

RABAGAS, CHAFFIOU.

Chaffiou entre par le fond à droite; il est en livrée trop grande, ajustée tant bien que mal, et en culotte, et commence par remonter pour voir au fond.

RABAGAS, sans le voir.

Ah çà! on va me loger au palais, j'espère. (Il regarde autour de lui. — Chaffiou redescend.)

CHAFFIOU, baissant la voix.

Pstt!... Rabagas?

RABAGAS, avec une affreuse grimace.

Hein!... (Se retournant.) Chaffiou!... (Avec dégoût.) Ici?...

CHAFFIOU, riant.

Oui!... c'est farce... pas vrai? (Montrant son habit.) Regarde donc!

RABAGAS, à lui-même.

Ce faquin... avec ses familiarités...

CHAFFIOU.

Je connais quelqu'un dans la vaisselle du château!... Il m'a fait entrer!... Et ils m'ont prêté ça, pour voir le coup d'œil!... Ça me va, pas vrai?...

RABAGAS.

Oui... gentil !

CHAFFIOU, regardant autour de lui.

Cré nom! c'est beau tout de même!... J'aime le *lusque*, moi!... J'étais né pour le *lusque*!... T'es seul?...

RABAGAS, à lui-même.

Toutes les fois que ce gredin-là me tutoie, c'est comme si je recevais un coup de pied quelque part!...

CHAFFIOU, marchant sur le tapis, avec bonheur.

Des tapis!... v'là mon rêve!... (Le caressant de la pointe du pied, avec volupté.) C'est doux comme le poil d'un chat!...

RABAGAS, ennuyé.

Ah çà!... est-ce que cet animal va rester là?...

CHAFFIOU, tombant assis, et s'étalant sur le canapé, comme Rabagas précédemment.

Sont-ils heureux!... ces saligauds-là, de vivre là-dedans!... Mais quand ça va être mon tour!... qué noce! Oh! mes enfants, qué polissonne de noce!... (Il s'étend, les pieds sur les bras du canapé.)

RABAGAS.

Ton tour?... à toi?...

CHAFFIOU.

Eh bien! puisque c'est le peuple qui va être le plus fort! avec ça que je me priverai d'habiter ici, moi!... et de donner aussi des concerts!

RABAGAS, au-dessus de lui.

Toi?

CHAFFIOU.

Un peu!... avec tout plein de jolies femmes en robe de soie!... (Se pelotonnant, avec un mouvement de chat voluptueux.) Ah! nom de nom!... Et de ce punch!... je m'en fourrerai-t-il!... Je veux me soûler comme un roi! (Il se lève, cherchant ce qu'il peut boire.)

RABAGAS, à part.

Misérable, va!... Voilà tout ce que ça voit dans une révolution!... se repaître de jouissances!... (Chaffiou, ayant aperçu des glaces sur un plateau, à droite, y court et en entame une. — Haut.) Allons! on n'aurait qu'à te voir!... Va-t'en!...

CHAFFIOU.

Sans consommer!... Minute!... Il y aura trop de besogne tantôt!

RABAGAS, un peu inquiet.

Ah! ça prend?... Dans les rues!...

CHAFFIOU, prenant sa glace.

Le chabannais!... ça mousse!...

RABAGAS.

Diable! mais!... Il n'en faudrait pas trop non plus!... (Haut.) Et Vuillard, Camerlin?...

CHAFFIOU, de même.

Au *Crapaud*.

RABAGAS.

Eh bien! cours-y!... et dis-leur de ma part... de ne pas remuer... Tout va bien!... Il y a du neuf!...

CHAFFIOU.

Bon! (On paraît au fond.)

RABAGAS.

En route!... Le concert est fini!...

CHAFFIOU, regardant son verre vide avec mépris.

Eh bien! quand je gouvernerai! c'est pas les glaces qui eront mon fort!...

RABAGAS, le poussant dehors.

Mais, va donc!... (Seul) Il était temps!.. Voici mes courtisans qui vont être bien étonnés de me voir! je veux faire un tour de salon! Cela m'amusera!... Mais décidément (Regardant l'heure) le prince se fait tirer l'oreille... J'ai failli attendre!...

SCÈNE X.

RABAGAS, ANDRÉ, CARLE, LE CAPITAINE, FLAVARENS, BOUBARD, MADEMOISELLE DE THÉROUANE, Cavaliers et Dames, puis **LA BARONNE.**

RABAGAS, apercevant André et souriant.

Ah! ah! notre jeune homme de tantôt!... (Il met son lorgnon dans l'œil et remonte par le milieu, avec importance. Tous les arrivants le regardent avec surprise. Il remonte toute la scène, et affecte de regarder au fond les peintures en tournant le dos à tout le monde.)

ANDRÉ, à demi-voix, à Carle.

Rabagas!...

CARLE.

Allons donc!

ANDRÉ.

Mais oui, lui! lui!... vous dis-je! (Flavarens court dire la nouvelle aux dames, gestes d'étonnement : tout le monde chuchotte, regarde avec stupeur Rabagas qui continue son inspection.)

CARLE.

Ici! Quelle audace!...

FLAVARENS. à Boubard.

Rabagas!

CARLE.

Il faut lui demander!...

ANDRÉ, l'arrêtant.

Un homme qui sait tout?

CARLE.

Qu'il ose dire un seul mot!

ANDRÉ, inquiet.

Pas de fanfaronnade! Et tais-toi! Tu n'as pas mieux à faire!

(Regardant Rabagas qui continue sa promenade. — Avec joie.) Ah! on dirait qu'il part! (Il le suit des yeux vers la gauche, rumeurs sur la place.)

FLAVARENS, revenant.

Qu'est-ce que c'est que ça?

LA BARONNE[1], entrant.

Ah! mais, comprenez-vous ce qui m'arrive?

PLUSIEURS VOIX.

Quoi donc?

LA BARONNE.

Comment!... Je descends le perron pour monter en voiture! Toute cette foule qui est là sur la place, se met à aboyer, à miauler!...

LE CAPITAINE.

Allons donc! (Rumeurs, cris, huées.)

FLAVARENS.

Mais oui, tenez!... ceci est pour M. le gouverneur!... Venez voir, mesdames! (On se groupe vers la fenêtre et l'on regarde sur la place. La princesse paraît au fond.)

ANDRÉ, avec joie, à Carle.

Il part!... Courage!...

CARLE, à part.

C'est elle!

ANDRÉ.

e vais m'assurer qu'il s'en va! De la prudence, je t'en conjure!

CARLE.

Sois tranquille! (André suit Rabagas de loin, et disparaît dans l'autre salon avec lui à gauche. Gabrielle descend à l'avant-scène, où elle se trouve seule à gauche avec Carle, tandis que tout le monde est groupé vers la fenêtre.)

GABRIELLE.

Carle! Il faut renoncer à nous voir en secret!

---

1. André, Carle, Boubard, le capitaine, Flavarens, la Baronne.

CARLE.

Comment!

GABRIELLE.

Oui, oui, je suis très-blâmable, je le sais, et je ne veux plus de ces entrevues la nuit!

CARLE.

Mais le jour!

GABRIELLE.

Non plus! Je l'ai promis, mon ami!

CARLE, effrayé.

A qui?

GABRIELLE.

Je l'ai promis! Et je vous défends bien de me désobéir!

CARLE.

Oh! Gabrielle, est-ce vous?

GABRIELLE, tendrement.

Qu'est-ce que cela vous fait, si je vous aime toujours?

CARLE.

Mais!...

GABRIELLE, voyant s'ouvrir la porte de gauche.

Taisez-vous!... Mon père!... (Elle traverse vers la droite.)

CARLE, à lui-même, inquiet.

Que s'est-il donc passé? (Rumeurs dehors.)

FLAVARENS, à la fenêtre.

Voici une voiture qui rentre!...

LA BARONNE.

Qu'est-ce que je vous dis?...

LE CAPITAINE.

Mais il faut prévenir Son Altesse!...

GABRIELLE, près de la fenêtre.

Quoi donc?

LA BARONNE, lui cédant sa place.

Voyez, Princesse! (Gabrielle va au balcon.)

SCÈNE XI.

Les Mêmes, LE PRINCE, EVA, BRICOLI.

BOUBARD et FLAVARENS.

Monseigneur!... (On s'écarte pour lui laisser la vue libre à la fenêtre.)

LE PRINCE, une affiche à la main.

Oui! oui, je sais, messieurs!... Vous dites donc, Bricoli?...

BRICOLI, hors d'haleine, et très-ennuyé.

Je dis, Monseigneur,... que cela prend une tournure!... Des groupes partout!... Les boutiques fermées,... des orateurs qui commentent sur la borne je ne sais quel article de leur satané journal!... Et devant les grilles du palais, cette foule-là qui grogne, qui ricane!...

LE PRINCE.

Et vos hommes?..

BRICOLI.

Sur les dents?

LE PRINCE, à Boubard.

Vos gendarmes? colonel?

BOUBARD.

A cheval, Monseigneur, dans la cour du palais!... Et avec ces braillards, il ne faudrait qu'une allumette.

BRICOLI.

Oh, çà!... Si on ne fait pas évacuer la place!...

LE PRINCE, seul, à l'avant-scène à gauche, à Eva qui est descendue tranquillement.

Alors votre avis, madame?

EVA, s'éventant avec calme.

Moi?... Toujours le même!...

LE PRINCE.

Rabagas?...

EVA.

Rabagas!

LE PRINCE.

Quelle humiliation!

EVA.

Ah! c'est au moment de l'orage que vous discutez le paratonnerre?

LE PRINCE, écœuré.

Rabagas!

EVA.

Ne vaut-il pas mieux lui dicter vos conditions ce soir, que subir les siennes demain?

LE PRINCE, vivement.

Ah! nous n'en sommes pas là!...

EVA.

Ma foi!... (Cris dehors, rires, etc.) Écoutez!

LE PRINCE, à André.

Qu'est-ce donc?

CARLE.

La voiture de M. le président qui vient d'être accueillie par des huées.

FLAVARENS.

Et l'on n'a eu que le temps de fermer la grille.

BRICOLI, grognant.

Qu'est-ce que je dis?

LE CAPITAINE.

De grâce, Monseigneur, un mot!

ACTE TROISIÈME.

BOUBARD.

Et nous balayons tout !...

LES TROIS AUTRES, avec chaleur.

Oui !...

LE PRINCE, prêt à se décider.

Eh bien !

EVA, vivement.

Prenez garde !... (Rabagas paraît au fond.)

LE PRINCE, changeant d'avis.

Des coups de fusil ! Non... Décidément !... J'aime encore mieux Rabagas !

EVA, avec joie.

Allons donc !... (Elle fait signe à Rabagas. Tout le monde s'écarte avec stupeur.)

SCÈNE XII.

LES MÊMES, RABAGAS, ANDRÉ.

EVA.

Venez, monsieur, venez ! Son Altesse vous désire ! (Tous les assistants remontent et échangent leurs réflexions tout bas.)

RABAGAS [1].

Monseigneur ! (Il s'incline profondément.)

LE PRINCE, après un grand effort sur lui-même.

Je sais gré à mistress Blounth, monsieur, de nous avoir ménagé cette entrevue !

RABAGAS.

J'ai obéi au désir de madame, (Avec intention.) comme à un ordre de Votre Altesse !...

LE PRINCE, à part.

Scapin ! (Haut.) Votre présence m'est d'autant plus... (Avec

1. Rabagas, le prince, Eva remonte.

effort.) précieuse, monsieur, qu'elle peut conjurer de grands malheurs!... Une certaine fermentation règne dans la ville! (Avec intention.) Vous le savez?

RABAGAS, ingénument et avec intérêt pour le prince.

Il paraît, monseigneur...

LE PRINCE, même jeu.

Et avant de recourir à la force...

RABAGAS.

La bonté bien connue de Votre Altesse!...

LE PRINCE, l'interrompant.

Bref, monsieur, puisqu'on m'assure que vous connaissez mieux que personne l'accord possible entre les désirs de mon peuple et le maintien de mon autorité!... Puisque, d'autre part, il est évident que le gouverneur actuel est impopulaire!...

RABAGAS, vivement.

Au premier chef, monseigneur! Pardonnez cette interruption à la chaleur de mon zèle!... Mais un militaire dans les circonstances présentes, quelle menace! Ce qu'il faut ici, c'est l'esprit de conciliation! c'est le procédé paternel! la persuasion, l'éloquence!

LE PRINCE.

Bref, un avocat!...

RABAGAS, ingénument.

Par exemple!

LE PRINCE.

Mais le gouverneur de Monaco, monsieur, est avant tout un chef militaire.

RABAGAS.

Très-bien!... Un avocat!... Par sa profession, et à force de tremper dans tout... finance, agriculture, commerce, industrie, clergé, magistrature, armée!... aujourd'hui, monseigneur, l'avocat sait tout, connaît tout, peut tout!... Et je vous ferai,

ACTE TROISIÈME.

moi, quand vous voudrez, de la stratégie!... Comme on n'en a jamais fait!

LE PRINCE, à lui-même.

Je le crois! (Chant sur la place, rires, cris d'animaux.)

BRICOLI.

Voilà qu'ils chantent, maintenant!

EVA [1], au prince.

Allons! Courage! Arrachons! (Elle va au balcon.)

LE PRINCE, avec effort.

Puisqu'il le faut!... Allons!... (Haut.) Bricoli, cette lettre à M. de Sottoboïo.

RABAGAS, à part.

Le renvoi!

LE PRINCE.

Messieurs! (Présentant Rabagas.) Monsieur Rabagas! votre nouveau gouverneur!

RABAGAS, à part, avec joie.

Enfin!... (Marques de stupeur partout.)

CARLE, à part.

Lui!

ANDRÉ, à Carle.

Prends garde!

RABAGAS, courbé jusqu'à terre.

Ah! monseigneur!

LE PRINCE, coupant court à son effusion.

Trêve aux compliments, monsieur, et conjurons le péril!

RABAGAS.

Tout de suite, monseigneur! C'est très-simple! Trois mots à ce balcon pour annoncer ma nomination à la foule, et elle va se disperser, dans un état d'ivresse!...

1. Rabagas, le prince, Eva.

LE PRINCE.

Vous entendez, monsieur Bricoli! (Bricoli va à la fenêtre.)

RABAGAS.

Il est si bon!... ce peuple!... si calomnié! — Un enfant!

LE PRINCE.

Allez, Bricoli. (Rumeurs dehors à la vue de Bricoli sur le balcon.)

BRICOLI.

Habitants de Monaco!... (Rumeurs, cris. Silence, écoutez! Le bruit s'apaise. — Il continue.) Il vous est fait savoir... (Bordées de huées plus violentes.)

LA FOULE, hurlant.

Non! non!... Rabagas! Rabagas! (Bricoli veut parler, les cris couvrent sa voix.)

BRICOLI, rentrant.

Ils appellent M. Rabagas!

RABAGAS, rassuré.

Ah! Ils veulent me voir! Bon peuple! Il ne connaît que moi! Malheureusement c'est loin. Éclairez-moi pour qu'ils ne perdent pas mes jeux de physionomie! (Deux valets passent sur le balcon avec des candélabres. Il s'arrange la cravate d'un coup de main et les cheveux, comme un acteur prêt à entrer en scène.) C'est ça! Écartez-vous!... Vous allez voir l'effet... guettez l'effet.

EVA, assise tranquillement sur le canapé en jouant de l'éventail.

Oui, voyons l'effet! (Rumeurs de surprise à la vue de Rabagas sur le balcon, puis grand silence.)

RABAGAS, d'une voix forte et vibrante.

Citoyens...

LA FOULE, applaudissant.

Bravo! Bravo!... Écoutez! Écoutez!

RABAGAS.

Je suis heureux et fier de vous apprendre que Son Altesse le prince de Monaco. .

LA FOULE.

Non! non!

RABAGAS, se retournant et se penchant sur la scène, au prince.

Ça, vous comprenez, monseigneur, ce n'est pas pour moi!

LE PRINCE, assis et tranquillement.

Non! Non! — Voyons pour vous!...

RABAGAS, sur le balcon.

... Que le prince de Monaco dis-je, vient de faire droit à vos justes réclamations!...

LA FOULE.

Bravo!

RABAGAS.

En me nommant gouverneur général de Monaco!...

LA FOULE, huant.

Hou! — A bas Rabagas!...

RABAGAS, reculant devant la bordée.

Hein!

LE PRINCE.

Ça, c'est pour vous!

RABAGAS.

Citoyens!...

LA FOULE.

Traître! Vendu! Pourri! — A bas Rabagas!

EVA.

Voilà l'effet.

RABAGAS, cherchant à placer un mot.

Citoyens!...

LA FOULE, hurlant plus fort.

Non! Non!... A mort le renégat!

RABAGAS.

Mais! C'est... (Il continue à crier pour se faire entendre, mais les rumeurs couvrent sa voix.)

LA FOULE.

A bas le mouchard!...

RABAGAS, rentrant exaspéré et enroué.

Idiots! Ils ne veulent rien entendre!...

LE PRINCE, à Eva.

Eh bien! missess, votre homme?...

EVA, tranquillement.

Eh bien! c'est parfait! Le voilà lancé! Laissons-le rouler maintenant!

LE PRINCE, surpris.

Ah! (A Rabagas.) Mais cette popularité, dites-moi donc!...

RABAGAS, effaré.

Un malentendu, monseigneur! Voilà tout! (A lui-même.) Ces gredins-là vont me faire perdre ma place! (Haut.) Une proclamation!... Vite!... Ils me liront au moins!...

LE PRINCE, lui montrant sur la table le papier qu'il tenait en entrant.

Tenez! celle de votre prédécesseur!

RABAGAS, le prenant vivement des mains de Bricoli.

C'est ça! (Parcourant des yeux.) « La société menacée! l'ordre! l'anarchie!... Très-bien, royauté libérale! » Parfait! Je ne ferais pas mieux moi-même! (Signant.) Rabagas!... Tirez ça et placardez! Vite!

BRICOLI, montrant une affiche.

D'autant qu'ils collent de leur côté des affiches!

RABAGAS, la prenant.

Incendiaires, j'en suis sûr! misérables! (Parcourant.) Oui! l'appel aux plus hideuses passions!... L'insurrection proclamée, le plus saint des... (La reconnaissant. A part.) Crédié!... C'est la mienne! (Il l'escamote, et la fourre dans sa poche. — Rumeurs plus fortes. Une lueur sur la place.)

GABRIELLE, debout, effrayée.

Oh! cette clarté!

ACTE TROISIÈME.

CARLE.

Ils brûlent une guérite.

BRICOLI.

Allons! — Ça éclate!

RABAGAS, effar.

Quoi? qu'est-ce qui éclate!

ANDRÉ.

L'émeute! On commence les barricades!

RABAGAS, bondissant.

L'émeute? Comment l'émeute? (Regardant sa montre.) Mais il n'est pas l'heure!... C'est commandé pour onze heures!...

TOUS.

Ah!

RABAGAS, hors de lui.

Sans le signal! mais c'est stupide! Une révolution! mais il n'en faut plus! Dites-leur donc qu'il n'en faut plus!...

BOUBARD.

Dites-le vous-même!

RABAGAS.

Mais puisqu'ils ont le gouvernement de leur choix! qu'est-ce qu'ils demandent?

BOUBARD.

A en être.

RABAGAS, s'élançant sur le balcon.

Mes amis! mes frères!... (Il est repoussé par une bordée de cris plus menaçants que jamais.)

CARLE, le tirant par le bras.

Prenez garde!...

RABAGAS, rentrant furieux.

Brutes... brutes de démocrates!

LE PRINCE.

Fermez!... (On rabat les volets.) Allons, je crois qu'après cela!...

RABAGAS, exaspéré, courant à la table, s'asseyant,
et signant des ordres.

Je crois bien,... colonel! Trois sommations. Puis, ouvrez les grilles et une charge là-dessus, à fond de train!

EVA.

Sur ce bon peuple!

RABAGAS, hors de lui.

Est-ce qu'il y a un peuple? Il n'y a qu'une populace! — Et tout ce qui résiste et pousse un cri séditieux!...

BOUBARD.

Par exemple? (Cris dehors, étouffés par le volet fermé.)

RABAGAS.

Comment? par exemple?... Vous n'entendez pas : *à bas Rabagas.*

BOUBARD.

Alors le cri séditieux, ce n'est plus : *Vive Rabagas?*

RABAGAS, vivement.

Eh! non, au contraire!...

BOUBARD.

Ah!... C'est qu'hier c'était, *Vive!...*

RABAGAS.

Eh! hier... Parbleu!...

BOUBARD.

Bon! il ne s'agit que de s'entendre!... Voilà tout!... (A ses officiers.) Allons, Messieurs! (Il sort avec eux.)

RABAGAS.

Bricoli! sans bruit par les jardins et tombez-moi sur le *Crapaud-Volant!*

BRICOLI.

Bien, et arrêter?...

RABAGAS.

Tout!

BRICOLI.

Vos amis?

RABAGAS.

Tous mes amis!... Chaffiou:

BRICOLI.

Connu!

RABAGAS.

Vuillard!... des lunettes!... Camerlin... une tonsure!... Camille Desmoulins...

TOUS, surpris.

Ah!

RABAGAS.

Un crétin déguisé en conventionnel!... Et Pétrowlski surtout leur général!... Le bagne ambulant!... Huit mille décorations!... et pas de linge!...

BRICOLI.

L'imprimerie?

RABAGAS, debout.

Brisez les presses!... Et rasez la brasserie, si vous voulez!

BRICOLI.

Bon!

RABAGAS.

C'est une caverne!... (Se ravisant vivement.) Ah! non! non!... ne rasez pas!... (A part.) Bigre! mes meubles!...

BRICOLI.

J'y cours!...

EVA, au prince.

Eh bien! monseigneur?

LE PRINCE.

Il va bien! (Roulement de tambours dehors.)

RABAGAS, avec joie.

Ah!... Première sommation!... Écoutons!...

GABRIELLE.

Ah! cela me fait peur! (Rabagas rouvre à demi le volet et regarde avec précaution. — Silence.)

LE PRINCE, regardant de loin.

Des torches!

FLAVARENS.

Oui, monseigneur!... C'est une civière qu'ils portent, avec un mort dessus! (Mouvement.)

LE PRINCE.

Un mort!...

RABAGAS, toujours derrière son volet entre-bâillé.

Allons donc!... un ivrogne!

LE PRINCE.

Vous êtes sûr!

RABAGAS.

Ignoble parodie, vous dis-je!... il n'est qu'ivre!

LE PRINCE.

Mais quoi! quel rapport?

RABAGAS, regardant toujours.

C'est Rapiat!

LE PRINCE.

Rapiat?

RABAGAS [1].

Oui, celui qui est tombé du mur du parc! (André et Carle se serrent la main avec anxiété.)

LE PRINCE, dressant l'oreille.

Du parc!

RABAGAS, quittant la fenêtre.

Votre Altesse ignore?

LE PRINCE, avec impatience.

Mais tout!

RABAGAS, quittant un volet et descendant en scène.

Voilà bien mon prédécesseur, enveloppant le pouvoir de nuages!

---

1. Gabrielle, Eva, André, Carle, au-dessus du canapé, le prince, Rabagas.

ACTE TROISIÈME.

LE PRINCE, s'échauffant.

Enfin!... Qu'est-ce que cette histoire?

RABAGAS.

Mais rien, monseigneur, quelque aventure amoureuse, voilà tout!

LE PRINCE, jetant un coup d'œil rapide à Carle et à la princesse dont Eva a pris la main, et se contenant.

Chez moi?

RABAGAS.

Oui... un jeune homme que l'on a vu sortir mystérieusement du jardin réservé... cette nuit...

LE PRINCE.

Cette nuit!... Vous dites cette nuit?

RABAGAS, surpris.

Mais, monseigneur!... (Second roulement de tambour dehors. — Rabagas court au volet.)

CARLE, bas à André.

Perdus!

ANDRÉ [1].

Tais-toi!...

EVA.

Monseigneur!...

LE PRINCE, pâle et se contenant à peine.

Pardon, madame, mais il faut que ceci s'éclaircisse.

RABAGAS, redescendant.

Bien facilement... Votre Altesse n'a qu'à interroger le héros.

LE PRINCE.

Vous le connaissez?

RABAGAS.

Mais il est ici!...

---

1. Gabrielle, Eva, Carle, André, le prince. Rabagas.

GABRIELLE.

Dieux!

RABAGAS, montrant André.

C'est monsieur!...

ANDRÉ.

Moi? (Mouvement de Carle réprimé par Eva.)

RABAGAS.

Allons, jeune homme, avouez!

LE PRINCE, à André.

Vous, c'est vous? (A Rabagas.) C'était lui!

ANDRÉ, à part.

Quel bonheur! (Haut.) Oui, monseigneur, oui, c'est moi.

LE PRINCE, à lui-même, rassuré.

Lui!... Ah! je respire.

EVA, à part.

Brave garçon!... (Mouvement de Carle qui va se dénoncer, l'arrêtan vivement et bas.) Silence! pour elle!

LE PRINCE, à André.

Vous nous expliquerez, monsieur, le secret de cette belle équipée, n'est-ce pas?

ANDRÉ.

A Votre Altesse, à elle seule!

LE PRINCE.

Soit! (A Carle.) Arrêtez monsieur. (Troisième roulement de tambours.)

RABAGAS.

Ah! troisième sommation!

LE PRINCE.

Écoutons. (Ils remontent vers la fenêtre.)

CARLE, à part, à André en rendant son épée, pendant que le prince écoute à la fenêtre.

Ah! pardonne-moi!

ANDRÉ, avec joie.

Tais-toi! — Il s'est trompé! quel bonheur!

CARLE.

Mais que vas-tu dire?

ANDRÉ.

Qu'importe!... vous êtes sauvés!

RABAGAS, ouvrant la fenêtre toute grande.

Les grilles s'ouvrent...

LE PRINCE.

Et voici la cavalerie qui charge.

RABAGAS, les suivant du geste.

C'est ça! hardi! balayez! balayez!

LE PRINCE.

Il n'y a déjà plus personne!

RABAGAS, radieux.

Quand je vous le dis, monseigneur, il n'y a rien de lâche comme ces faiseurs d'émeutes.

LE PRINCE, le regardant.

Je le vois bien!

RABAGAS, applaudissant à la fenêtre.

Bravo! bravo! les gendarmes. (Bruit de vitres cassées.)

FLAVARENS, vivement.

Gare aux pierres!

RABAGAS, en se garant, pirouettant et tombant dans les bras de Flavarens qui le soutient, furieux.

Ah!... l'oreille!... canailles!... canailles de démagogues. (Il tire son mouchoir et court s'éponger l'oreille à l'extrême gauche, avec un verre d'eau sucrée, en s'asseyant sur le canapé.)

LE PRINCE, sans le regarder.

Bah! ce n'est rien!

EVA, au prince.

Avouez maintenant qu'il n'y avait que lui pour cette besogne-là!

LE PRINCE, lui offrant le bras.

Missess, vous êtes un grand diplomate... Allons souper, mesdames! (Il remonte, tout le monde le suit.)

RABAGAS, se retourne vers la scène vide, regarde avec stupeur le prince qui s'en va, ainsi que tout le monde, sans s'occuper de lui, et se levant, s'écrie avec conviction :

Déjà ingrat!...

ACTE QUATRIÈME

Un salon du palais. — A droite, premier plan, porte d'entrée des appartements du prince, ouvrant sur un couloir. — Second plan, pan coupé, petite porte de dégagement. — A gauche, premier plan, porte d'entrée de l'appartement d'Eva. — Second plan (pan coupé) grande porte d'entrée du salon ouvrant sur un vestibule et laissant voir de ce côté une grande fenêtre qui donne sur la place. — Au fond, large baie ouvrant sur une sorte de galerie, qui est censée s'étendre à droite et à gauche. — On aperçoit au fond, de l'autre côté, la porte d'entrée de l'appartement de Gabrielle.

Au lever du rideau, il fait nuit, une lampe à verre dépoli éclaire la galerie du fond. — Toutes les portes sont garnies de portières en tapisserie. — Candélabres sur la scène.

SCÈNE PREMIÈRE.

RABAGAS, BRICOLI. Ils entrent par la porte d'entrée, pan coupé, à gauche.

RABAGAS, un portefeuille sous le bras.

Passons à l'écart, monsieur Bricoli, tandis que Son Altesse est encore à table ; nous causerons ici plus à l'aise. (Il s'assied près de la table, à droite. — Voyant Bricoli déposer un gros dossier sur la table.) Qu'est-ce que cela ?

BRICOLI.

De petits dossiers, monsieur...

RABAGAS, l'interrompant.

Pardon ! monsieur Bricoli, quel titre, je vous prie, donniez-vous à mon prédécesseur ?

BRICOLI.

Celui d'Excellence !

RABAGAS.

Alors pourquoi me le refuser, à moi?

BRICOLI.

Je demande humblement pardon à Votre Excellence... Le manque d'habitude.

RABAGAS, avec bonhomie.

Ce n'est pas, monsieur Bricoli, que j'attache le moindre prix à ces petits chatouillements de la vanité... Ah! grand Dieu, non!... mais le principe d'autorité est si fortement ébranlé dans ce pays qu'il est temps de le reconstituer sur les bases de la déférence. — Laissons cela! Nous disons donc que ce sont les dossiers?...

BRICOLI.

Des personnnes arrêtées.

RABAGAS.

Bien, et tous ceux que je vous ai désignés?

BRICOLI.

Tous coffrés!... Excellence! sauf le personnage signalé, comme étant feu Camille Desmoulins.

RABAGAS, se frottant les mains avec satisfaction.

Mais vous avez Chaffiou! Camerlin?

BRICOLI.

Et Vuillard, qui avait retiré ses lunettes pour n'être pas reconnu, et qui, n'y voyant plus, s'est jeté dans mes bras!

RABAGAS.

Et vous avez enfermé toute cette fripouille?

BRICOLI.

Au poste du palais!

RABAGAS.

Bon. — Les presses?..

BRICOLI.

Brisées!

ACTE QUATRIÈME.

RABAGAS.

Et la ville?

BRICOLI.

Calme!... Tout le monde sorti, groupé, bavardant beaucoup!... Mais force patrouilles, et pas d'hostilités!..

RABAGAS.

Parfait!... Nous disons (regardant l'heure.) qu'il est?

BRICOLI, regardant l'heure à la pendule de la cheminée.

Onze heures, Excellence.

RABAGAS, dont l'attention est attirée sur la pièce, se levant.

Au fait, où sommes-nous ici?

BRICOLI.

A l'entresol!... Sur les jardins!... Ceci est le salon de famille où l'on passe les soirées d'hiver : à gauche un long corridor conduisant aux appartements du prince, à droite le logement de la dame du palais, mistress Blounth!

RABAGAS, à lui-même.

Porte à porte (haut.) Et là-bas?

BRICOLI.

Une galerie, Excellence, qui va d'un côté aux logements de service, et de l'autre au jardin.

RABAGAS.

Oui, mais cette porte? au fond!

BRICOLI.

L'appartement de la Princesse?... Et ceci! (Il désigne la petite porte du pan coupé à droite, en souriant.) pour le service particulier du Prince.

RABAGAS, curieusement allant de ce côté.

Ah! un couloir.. sans doute [1]?

---

1. Rabagas, Bricoli.

BRICOLI.

Qui aboutit à une petite cour déserte, avec sortie sur la rue... Quand Son Altesse était plus jeune, Votre Excellence comprend?...

RABAGAS.

Et aujourd'hui?

BRICOLI.

C'est encore par là qu'elle sort incognito... Mais si rarement!

RABAGAS, tournant le bouton.

C'est fermé?

BRICOLI.

Il n'y a que trois clefs, Excellence!. Une pour Son Altesse l'autre pour moi, et la troisième pour le gouverneur!

RABAGAS.

Ah! Aussi?

BRICOLI.

Sans doute! Il y a bien des petites choses en politique...

RABAGAS.

C'est l'entrée des artistes!... Eh bien, mais comment n'ai-je pas déjà ma clef?

BRICOLI.

On la réclamera à M. de Sottoboïo! — Mais si la mienne, en attendant!

RABAGAS, la prenant.

Donnez toujours!

BRICOLI.

Voici, Excellence. — Son Excellence n'a aucun ordre à me donner, relativement au jeune homme arrêté pour l'affaire de cette nuit?

RABAGAS, parcourant les dossiers avec indifférence.

Non! Où est-il?...

BRICOLI.

De ce côté!... En attendant que Son Altesse l'interroge!

(Insistant.) Est-ce que Son Excellence ne serait pas d'avis que l'on fît une petite perquisition préparatoire à son domicile?

RABAGAS.

Sans doute; il faut toujours commencer par là!

BRICOLI.

C'est que Son Altesse nous a tellement interdit ces sortes de procédés...

RABAGAS.

Oh! bien... si nous faisons de la police sentimentale!... Où loge ce jeune homme?

BRICOLI.

Sur la place, Excellence, un appartement qui lui est commun avec monsieur le chevalier Carle... Et précisément, tandis que ce dernier est en reconnaissance sur la route de Menton, et que l'autre est ici!...

RABAGAS.

Sans doute!

BRICOLI.

Je puis?...

RABAGAS.

Tout de suite!

BRICOLI, fouillant dans sa poche.

C'est fait!

RABAGAS.

Ah!

BRICOLI.

Je suis si désireux de prouver mon zèle à Son Excellence, que j'ai devancé ses intentions.

RABAGAS, à part.

Très-bien! très-bien cet homme! (Haut.) Et le résultat?

BRICOLI.

Beaucoup de papier brûlé dans la cheminée!... ce qui n'est déjà pas la marque d'une conscience bien nette...

RABAGAS.

Non!...

BRICOLI.

Et ceci! (Il montre un petit papier plié en long.) extrait d'un portefeuille... qui rôdait sur une table, avec des gants, des clefs, tout ce qu'on peut y jeter précipitamment, dans un changement d'uniforme!

RABAGAS, prenant.

Une lettre?...

BRICOLI.

Un petit billet sans enveloppe, glissé de la main à la main, cela se reconnaît au pli.

RABAGAS, prenant le papier.

Point d'adresse alors. (Regardant.) Écriture de femme!... et pas de signature!...

BRICOLI.

Mais un document d'un intérêt!... car naturellement j'ai lu.

RABAGAS.

Parbleu! — Gouvernez donc sans cabinet noir! (Il lit.) « Mon ami, qu'est-ce que cette histoire de la nuit dernière? et cet homme que vous avez blessé?... »

BRICOLI.

Ceci ne peut s'adresser qu'à M. de Mora, c'est clair!

RABAGAS.

Oui; mais il n'a pas quitté le palais, après son arrestation : comment ce billet est-il chez lui?

BRICOLI.

Ne peut-il pas l'avoir reçu cette après-midi?...

RABAGAS.

C'est juste. (Lisant.) « — Blessé?... Je meurs d'inquiétude! je veux tout savoir. Il faut absolument nous voir encore une fois, malgré tout ce que je vous ai dit tantôt! Venez cette nuit... à l'heure ordinaire, et si vous êtes de garde au palais, comme je crois, ce sera bien plus commode... » Tiens! tiens! Et cette écriture?

ACTE QUATRIÈME.

BRICOLI.

Inconnue!.. Il y a tant de femmes au palais.

RABAGAS.

Nous saurons qui! (Il serre le papier.) Décidément, vous êtes un homme précieux, monsieur Bricoli, et je ferai quelque chose de vous.

BRICOLI, s'inclinant.

Excellence!

RABAGAS.

Tout de suite même! (Il l'attire du geste à l'avant-scène, et baissant la voix.) Mon installation s'est faite tantôt, dans des conditions un peu fâcheuses!... Si nous réagissions?... Par exemple, en provoquant dans la ville un certain... enthousiasme... en ma faveur!

BRICOLI.

Mais, Excellence!.. Nous avons d'abord les illuminations!...

RABAGAS, avec satisfaction.

Parfait!

BRICOLI.

En obligeant chaque propriétaire à illuminer sa façade; nous sommes déjà sûrs de quelque empressement...

RABAGAS.

Des lampions! C'est maigre! — J'aimerais bien en vue du palais! par exemple : là... tenez sur la place, devant la fenêtre! (Il désigne le côté du vestibule.) ces mots...*Vive Rabagas !* dessinés par des lanternes!...

BRICOLI.

Des lanternes de toutes les couleurs!

RABAGAS.

C'est ça!... Et des cris! à empêcher Son Altesse de fermer l'œil!

BRICOLI.

J'y cours! monseigneur! (Comme se reprenant.) Ah! pardon!

RABAGAS.

Il n'y a pas de mal! (Seul.) Voilà un homme! A la bonne heure! (Ramassant les dossiers sur la table, pour les remettre dans le portefeuille.) Maintenant, je vais parcourir ceci en prenant mon café. (Frappé par une signature en rangeant.) Tiens! la signature de Vuillard. (Lisant.) « Monsieur le Gouverneur, comment vous exprimer ma profonde reconnaissance pour les cinq cents francs que Son Altesse a daigné... » Oh!... Eh! bien, je m'en doutais! Cafard! Ah! quel parti! C'est écœurant!... A part moi! pas un honnête homme! (Il sort par la gauche.)

SCÈNE II.

ANDRÉ, seul, puis EVA.

ANDRÉ, qui est entré à droite, à la fin de la scène précédente, escorté par un officier qui ressort aussitôt.

Ouf! il sort. Je tremblais que ce charlatan ne fût de l'interrogatoire.

EVA, sortant de chez elle.

Seul?

ANDRÉ.

Seul!

EVA, vivement.

Bon! On quitte la table. Le prince me suit! J'ai entendu qu'il prononçait votre nom, et j'ai profité du café pour me dérober. — Causons vite... vous allez soutenir votre rôle, j'espère?

ANDRÉ.

Jusqu'à la mort!

EVA.

Oh! Nous n'irons pas si loin! Qu'avez-vous trouvé?

ANDRÉ.

Rien!

EVA.

Rien!

ANDRÉ.

Et ce n'est pas faute de me creuser l'esprit depuis une heure à vouloir justifier ma présence, la nuit, dans ce parc !

EVA.

Mais on trouve toujours quelque chose, un prétexte?

ANDRÉ.

Et lequel ?

EVA.

A votre âge!... pour faire une sottise, il n'y en a jamais qu'un... l'amour!

ANDRÉ.

Alors, il faut dire que c'est par amour ?

EVA.

Eh! sans doute! Vous aimez bien quelqu'un ?

ANDRÉ.

Non!

EVA.

A vingt ans?

ANDRÉ.

Personne!

EVA.

Alors qu'est-ce que vous faites?... Vous montez la garde?

ANDRÉ.

Pas toujours !

EVA.

Mais toujours!... un garçon de vingt ans, qui n'est pas amoureux fou! Je vous demande un peu!

ANDRÉ.

Je vous jure que ce n'est pas ma faute!

EVA.

Ah bien, alors, qu'est-ce que vous voulez? Il n'y a qu'un monstre, et il faut que je tombe sur lui.

ANDRÉ.

J'en suis désolé!

EVA.

Et moi donc! — pour vous!... Enfin! Vous n'aimez pas! On vous a fait comme ça! N'en parlons plus! — Mais rien ne nous empêche de le supposer... Vous êtes amoureux, vous venez rêver la nuit sous les fenêtres de votre dame!... c'est si naturel!

ANDRÉ.

Mais encore quelle dame?

EVA.

Eh bien, la première venue... Jeune... Jolie! (Vivement.) La lectrice!

ANDRÉ.

Mademoiselle de Thérouane!

EVA.

Justement, il me semble qu'elle vous regarde avec une certaine... cordialité... Vous ne l'avez pas remarqué... vous? oh! non!... Il ne remarque pas ces choses-là, lui!

ANDRÉ.

Je vous assure, madame, que c'est une honnête personne, incapable...

EVA.

D'aimer!... Alors elle n'est pas honnête!

ANDRÉ.

Je veux dire que je serais désespéré que sa réputation eût à souffrir quelque atteinte!

ACTE QUATRIÈME.

EVA.

Et laquelle? Vous venez admirer la nuit sa silhouette sur son rideau... Elle en est bien innocente, la pauvre fille!...

ANDRÉ.

Eh!

EVA.

Comment : Eh!

ANDRÉ.

On est si méchant à la cour. Et il ne faut qu'une médisance! Vrai, madame, j'aimerais mieux en choisir une autre. Celle-ci est trop bonne, trop douce, trop charmante!... Je vous en prie! Pas celle-là!

EVA, souriant en le regardant.

Tiens! tiens! tiens! Allons, vous êtes un brave garçon! Quand vous l'aimerez tout à fait, vous serez complet.

ANDRÉ.

Comment tout à fait!

EVA.

Oui, oui! Il y a quelque chose! C'est inconscient!... Mais j'entrevois une aurore! Réparation d'honneur! Seulement, ce que vous dites pour elle, est vrai pour toutes, et nous n'avons pas le droit d'en compromettre une autre!

ANDRÉ.

Dame!

EVA.

Il nous faudrait quelqu'un qui fit bon marché du qu'en dira-t-on... qui fût au-dessus de... (Frappée d'une idée subite.) Tiens! Je cherche!... Moi!

ANDRÉ.

Vous?

EVA.

Eh! oui, vous me connaissez de longue date!... Vous m'adorez!... Et le soir où j'arrive, vous risquez cette muette sérénade! Très-bien!

ANDRÉ.

Mais...

EVA.

Ceci me regarde, et j'en fais mon affaire... Vite, où est le chevalier ?

ANDRÉ.

En reconnaissance sur la route de Menton.

EVA.

Il faut qu'il parte ce soir !

ANDRÉ.

Ah! Dieu! C'est mon rêve !

EVA.

Je m'en charge! (Regardant à gauche.) On vient! Pas d'erreur ! N'oubliez pas que vous m'adorez !

ANDRÉ, avec chaleur.

Oh! missess ! Tant que vous voudrez !

EVA, souriant.

Eh bien! Eh bien! (A elle-même.) Allons! Il y a de l'avenir.

SCÈNE III.

EVA, ANDRÉ, LE PRINCE.

LE PRINCE, entrant, à André, avec bonhomie.

Allons, monsieur !... (Surpris de voir Eva.) Tiens, madame, vous êtes là[1] ?

EVA, gaiement.

Mon Dieu, oui, j'ai rencontré monsieur, en rentrant chez moi, il m'a bien voulu prendre pour confidente, et si Votre Altesse daigne m'accepter pour son avocat !

---

1. Eva, le prince, André.

ACTE QUATRIÈME.

LE PRINCE.

Plaidez, madame...

EVA.

L'affaire est des plus naïves ! Le coupable n'a pas la responsabilité complète de ses actes !... il est amoureux !

LE PRINCE, souriant.

Ah !

EVA.

Amoureux... Il éprouverait peut-être quelque embarras à en convenir, mais moi pas du tout !... Amoureux de moi !

LE PRINCE, d'un ton tout différent du premier.

Ah !

EVA.

...Et depuis longtemps, paraît-il !... Je pourrais plaider la folie : je me borne aux circonstances atténuantes !

LE PRINCE, se mordant les lèvres.

Et c'est pour cela ?

EVA.

C'est pour cela que me voyant au palais... monsieur, qui est jeune, enthousiaste, et qui mérite beaucoup d'indulgence, n'a pas su résister à l'envie de venir guetter la nuit l'effet de ma veilleuse sur mes rideaux... Rien de moins, rien de plus ! Que celui qui n'en a jamais fait autant, lui jette la première pierre !

LE PRINCE.

Il faut pourtant convenir qu'un officier !...

EVA.

Amoureux !...

LE PRINCE.

J'entends bien, mais qui escalade...

EVA.

Amoureux !...

LE PRINCE.

La nuit !...

EVA.

Amoureux! amoureux!

LE PRINCE, mécontent.

Soit, n'en parlons plus, missess! Vous plaidez la cause avec une chaleur...

EVA.

Vous n'attendez pas, d'une femme, monseigneur, qu'elle soit sans pitié pour ce crime-là!

LE PRINCE.

Oui, mais trop de pitié aussi pourrait encourager!...

EVA, le regardant finement en souriant.

Et j'en sais de si coupables!... qui n'ont pas l'excuse de son âge.

LE PRINCE, vivement et sèchement.

C'est entendu! monsieur est libre! — Mais j'espère qu'il ne recommencera plus! (André s'incline et traverse la scène au fond, pour sortir.)

EVA.

Et ne vous éloignez pas, lieutenant, j'ai quelque chose à vous remettre!

ANDRÉ[1], bas en lui baisant la main.

N'ai-je pas bien joué mon rôle d'amoureux?...

EVA, riant, à demi-voix.

En tiers... Oui! (A part.) A deux ce serait insuffisant!

LE PRINCE, impatienté et se retournant.

Allez, monsieur...

EVA.

Et ne péchez plus! (André sort.)

---

1. André, Eva, le prince.

SCÈNE IV.

EVA, LE PRINCE.

LE PRINCE, de mauvaise humeur.

Ah! il fait bon être de vos amis, madame! — Vous trouvez pour eux une éloquence...

EVA.

Allez-vous me quereller? Et de bonne foi, pouvais-je nous donner le ridicule, à moi, de faire la prude, et à vous, de trancher du jaloux?

LE PRINCE.

Jaloux!

EVA.

Eh! mais, cela y ressemble un peu!

LE PRINCE.

Eh bien, je le suis, c'est vrai! Ce petit monsieur, qui est toujours entre nous, depuis hier, qui vous a connue à Naples, qui vous aime assez pour risquer de telles incartades!...

EVA.

Eh bien?

LE PRINCE.

Eh bien? Vous avez raison!... Je suis ridicule! Pardonnez-moi, missess et laissons cela!

EVA, s'asseyant sur le canapé.

Et pour parler de choses plus sérieuses. — Ne m'avez-vous pas tout à l'heure exprimé certaines craintes?...

LE PRINCE.

Des craintes?

EVA.

Relativement à la Princesse?... Cette affection d'enfance qu'elle a gardée pour le chevalier?

LE PRINCE.

En effet! Et j'ai même tremblé un instant que l'escapade de cette nuit!...

EVA.

Moi aussi!

LE PRINCE.

Ah! le malheureux, je l'aurais tué!

EVA.

C'est précisément ce qui m'a donné l'idée d'éloigner ce jeune homme!...

LE PRINCE, vivement.

Oui! oui! éloignons-le! éloignons-le!...

EVA.

Voici une belle occasion... Mon séjour ici, ne fût-il que de quinze jours...

LE PRINCE.

Comment quinze jours? Nous sommes convenus d'un mois!

EVA.

Raison de plus!... Ce séjour est préjudiciable à mes intérêts. J'ai bien des petites commissions à donner, dont le chevalier s'acquitterait à merveille! Paris le distraira!... Nous agirons en son absence.

LE PRINCE, vivement.

Et vous resterez!... Vous avez raison, missess; toujours raison!... Il partira!

EVA.

Ce soir! Tout de suite!...

LE PRINCE.

Mais vos instructions?

EVA.

Il les recevra!... Signez l'ordre de départ... immédiat. Je le lui ferai remettre par son ami... Et nous voilà bien tranquilles!

LE PRINCE, après avoir écrit l'ordre.

C'est fait, missess! — « Au reçu de cet ordre, le chevalier Carle partira immédiatement pour Paris, où il recevra mes instructions ultérieures, à la légation! » (Il signe.) Voilà!

EVA, debout.

Très-bien!

LE PRINCE, revenant à elle.

Autre chose maintenant!... Et cet animal que vous m'avez mis sur les bras!

EVA, riant.

Rabagas?

LE PRINCE.

Rabagas qui m'exaspère!...

EVA.

Plaignez-vous!... Il a détourné l'orage! Le voilà impopulaire!... Et le parti est décapité! Ce n'est pas joli ça, comme résultat?

LE PRINCE.

Bon, mais il était convenu qu'au dessert...

EVA.

Patience, donc!... La nuit n'est pas sûre, et quand il serait gouverneur jusqu'à demain matin!...

LE PRINCE.

C'est long! (Deux laquais portant des flambeaux, ouvrent la grande porte, et la princesse entre, suivie de ses dames.)

EVA.

Voici la princesse qui rentre dans son appartement... Et je ferai comme Son Altesse, car c'est une journée fatigante!...

SCÈNE V.

Les Mêmes, GABRIELLE, MADEMOISELLE DE THÉROUANE, Dames, ANDRÉ, BOUBARD, DE FLAVARENS, LE CAPITAINE
(Au fond.)

La princesse entre par la grande porte, gagne celle du fond, saluée par tout le monde, le prince remonte et va l'embrasser.

EVA, à André, en lui remettant l'ordre.
Ils sont seuls, à l'extrême gauche, sur le devant du théâtre.

Ordre de départ.

ANDRÉ, avec joie.

Dès qu'il rentrera !

EVA.

Et qu'il obéisse !...

ANDRÉ.

Oh! tout de suite !... Car il est de service cette nuit... ici !

EVA, effrayée.

Ici !... jamais!

ANDRÉ.

Il sera parti avant !...

EVA, à elle-même.

Je m'en assurerai! (Haut.) Maintenant, dites donc bonsoir, à cette pauvre petite lectrice qui en meurt d'envie !...

ANDRÉ, regardant avec intérêt mademoiselle de Thérouane.

Vrai?

EVA, riant.

Ah! quel homme! (Elle remonte et va saluer la princesse qui rentre chez elle, suivie des femmes de service. Les autres personnages restent au fond.)

ACTE QUATRIÈME.

RABAGAS, entré pendant ces saluts, et seul à l'avant-scène, radieux, regardant du côté de la fenêtre du vestibule.

Une illumination splendide! Oh! ce peuple! quelle mobilité! mauvaise tête! mais bon cœur!... A présent, il est tout pour moi!

LE PRINCE, saluant les dames qui se retirent, et redescendant avec Eva.

Mesdames, je vous salue. — Missess, je vous souhaite une bonne nuit! Et je vous demande la permission de me retirer.

EVA.

Déjà?

LE PRINCE.

Il est onze heures. Je vais tâcher de dormir une heure ou deux. J'ai l'intention de monter à cheval cette nuit! Le colonel me signale une agitation très-vive à Menton, qui ne parle de rien moins que de nous attaquer au petit jour. Et je vais profiter de ce beau clair de lune, pour leur préparer sur la route quelques surprises!

EVA.

Prenez garde!

LE PRINCE, la rassurant.

Oh! (A Boubard.) Colonel, vous serez en bas. (Il désigne la petite porte.) entre minuit et demie, une heure, avec vingt hommes d'escorte! Si je dors encore, qu'on me réveille! Vous, capitaine, vous ne quitterez pas le palais, cette nuit.

LE CAPITAINE.

Bien, monseigneur!

EVA.

Allons!... bon sommeil d'abord! (Le prince lui baise la main. Mais pas trop vite, avec celui-là! (Elle lui montre Rabagas, à droite debout près de la table.)

LE PRINCE, faisant la grimace en apercevant ce dernier.

Ah!... Il est là?

EVA.

Pas trop vite!... (Elle rentre chez elle, après avoir rendu leur salut aux officiers.)

LE PRINCE, aux officiers qui sortent par la gauche.

A tout à l'heure, messieurs!

SCÈNE VI.

LE PRINCE, RABAGAS.

Le prince va pour entrer chez lui, en faisant semblant de ne pas voir Rabagas, qui se campe adroitement entre la porte et lui, le visage souriant, et l'échine courbée. — Un laquais reste dans le vestibule près du seuil, avec un flambeau.

RABAGAS [1], obséquieux.

Monseigneur, nous sommes seuls! Et je suis radieux d'annoncer à Votre Altesse une bonne nouvelle!...

LE PRINCE, froidement.

Laquelle, monsieur?...

RABAGAS.

Toute la ville est en feu!... Elle illumine!...

LE PRINCE, ironiquement.

En votre honneur... ou au mien?

RABAGAS.

A tous deux, monseigneur!... ma modestie est forcée d'en convenir!... L'enthousiasme a pris des proportions! Votre Altesse n'a du reste qu'à jeter un coup d'œil de ce côté. Elle verra sur la place le long d'un balcon, en lettres de feu, hautes comme ça... une inscription!

LE PRINCE.

Là!

---

[1]. Le prince, Rabagas.

RABAGAS.

En face!

LE PRINCE, jetant un coup d'œil distrait de ce côté.

En effet! C'est flamboyant! (Lisant l'inscription.) *A Rabagas!...*

RABAGAS, achevant sans regarder.

... Notre sauveur!

LE PRINCE, regardant plus attentivement.

Non! Pardon! pardon!... Vous n'avez pas bien lu!

RABAGAS, surpris.

Je n'ai pas bien lu?

LE PRINCE, tranquillement.

Oh! mais non!... Vous avez pris une lettre pour l'autre, monsieur Rabagas! Il n'y a pas *sauveur!* Il y a *sauteur! A Rabagas, notre sauteur.*

RABAGAS, courant regarder.

Grand Dieu! mais je viens de lire!...

LE PRINCE.

Ils ont changé la lettre! Mais pour un T, c'en est un, et de taille! Regardez.

RABAGAS, furieux [1].

Gredins! Je vais faire arrêter!...

LE PRINCE, vivement.

Oh! mais du tout! C'est une opinion qu'ils expriment, et je suis pour la liberté des lumières, moi!... Laissons *sauteur!* s'il vous plaît!

RABAGAS, saisi.

Votre Altesse abandonnerait au ridicule l'homme qui a sauvé...

LE PRINCE, vivement.

Plaît-il! — Oh! Oh! monsieur Rabagas! Et sauvé qui?.. Sauvé quoi?... Expliquons-nous donc une bonne fois, je vous prie,

---

1. Rabagas, le prince.

et rétablissons les faits!... Vous m'arrivez ici, un jour de trouble, où, pour éviter un acte de rigueur, je suis prêt à toutes les concessions!... Et vous vous écriez! « Moi! je suis la concorde!... Moi! je suis les moyens doux! Je me montre, tout est fini!... » Vous vous montrez!... (Raillant.) Ne parlons plus de cet effet-là, n'est-ce pas?... Voilà pour la concorde... Quant à vos moyens doux! — Le plus doux... C'est la charge de cavalerie... Eh bien! franchement, pour cette besogne-là, je n'avais pas besoin de vous, Sottoboïo suffisait!

RABAGAS, piteux.

Les circonstances!...

LE PRINCE.

Enfin, voyons, résumons. — Vous n'êtes pas l'homme de la conciliation. Vous n'êtes pas l'homme de la douceur!... Vous n'êtes plus l'homme du peuple! Et si vous n'êtes plus le sien, comme vous n'êtes pas le mien, alors, monsieur Rabagas, qu'est-ce que vous êtes?

RABAGAS.

Moi?...

LE PRINCE.

Dame, votre seul titre était la popularité. Plus de popularité. — Vos titres?

RABAGAS.

Mon mérite!

LE PRINCE, souriant.

Oh! bien! Soyons sérieux!

RABAGAS.

Enfin, je suis une transition!

LE PRINCE.

Entre les cailloux et les coups de sabre?

RABAGAS, avec amertume.

En sorte que Votre Altesse?

ACTE QUATRIÈME.

LE PRINCE.

Mais Mon Altesse se demande un peu... je l'avoue, ce que M. Rabagas fait ce soir chez moi !

RABAGAS.

Mais...

LE PRINCE, insistant.

Non, mais... A vous-même! je vous le demande?...

RABAGAS, embarrassé.

Mais, j'y fais...

LE PRINCE.

Mauvaise figure, allons!... Vous ne trouverez pas autre chose.

RABAGAS, atterré.

Si c'est pour en venir à cette conclusion... que Votre Altesse me chasse!

LE PRINCE.

Fi ! monsieur Rabagas, le vilain mot ! Pour qui me prenez-vous? Allons, allons, vous êtes nerveux!... Je le conçois! Cette journée d'émotions! la violence faite à vos sentiments les plus tendres, par la nécessité de sévir contre vos meilleurs amis!... Allez vous reposer, monsieur Rabagas! allez! Nous recauserons de tout cela demain matin !

RABAGAS, tremblant d'anxiété.

Mais jusque-là, monseigneur! dois-je cesser de me considérer comme gouverneur?

LE PRINCE.

Pour dormir, c'est bien inutile, convenez-en. (Au valet qui attend au fond.) Reconduisez monsieur!... — Je ne vous souhaite pas une bonne nuit, monsieur Rabagas!... Cela va sans dire... après tant d'exercices!... (Il le salue et rentre chez lui.)

SCÈNE VII.

RABAGAS, UN LAQUAIS, au fond, avec un flambeau, attendant qu'il sorte.

RABAGAS, atterré, après un moment de silence.

Joué! je suis joué! Ah! double et triple imbécile qui n'a pas compris!... On avait peur; j'ai servi de paratonnerre! La foudre écartée... je ne suis plus qu'une girouette! Deux heures de pouvoir... et reconduit par un laquais! Et pour aller où, où?... Où irai-je? Déconsidéré, suspect aux masses!... décoloré et sans prestige... A qui faire jamais comprendre la sublimité de mon rôle?... Et par quel prodige d'éloquence attendrir ce peuple sur le merveilleux accord que j'avais rêvé entre mon pouvoir et sa liberté?... On me lapidera!... Je suis ruiné, déraciné, assassiné!... Pour deux heures de.... Et un méchant dîner... Ma popularité pour un plat de lentilles!.. Et ce laquais toujours là... comme une main tendue vers la porte! C'est par là!... Oui, gredin, c'est par là!... mais je ne veux pas le comprendre! — Qui? moi... partir ainsi! Entré par la force de mon génie, je sortirais par celle d'un coup de pied... Allons donc! Mazarin en a reçu bien d'autres!... Il n'est jamais parti... Est-ce qu'on part?—J'y suis... j'y reste! (Il saisit son portefeuille et le serre sur sa poitrine.) Déchaînez-vous sur moi, soufflets et camouflets! Je ne partirai pas! Je m'y cramponne! Un homme tel que moi ne tombe pas du pouvoir! On l'en arrache... par lambeaux!...

SCÈNE VIII.

RABAGAS, BRICOLI.

BRICOLI.

Excellence!

ACTE QUATRIÈME.

RABAGAS, son portefeuille toujours dans les bras, à lui-même.

Et on ne m'appellerait plus Excellence! — Allons donc!

BRICOLI.

Je viens voir avant de me retirer, si M. le gouverneur n'a pas quelques ordres à me donner!

RABAGAS [1], vivement.

Oui!... Dites à ce valet de se retirer! Il m'exaspère avec son flambeau!

BRICOLI, après avoir fait signe au valet, qui sort.

C'est fait! Son Excellence doit être contente des illuminations?

RABAGAS, à lui-même.

Oui, c'est gentil!

BRICOLI [2].

Quant à notre jeune homme, monsieur le gouverneur sait qu'il est relâché!

RABAGAS, distrait, allant et venant.

Oui! (A lui-même.) Que pourrais-je bien inventer [3]?

BRICOLI, souriant.

A la requête de mistress Blounth.

RABAGAS, à lui-même, en montrant le poing à la porte d'Eva.

Encore une qui s'est jouée de moi!

BRICOLI, finement.

De mistress Blount, qui est au mieux avec lui!... — Et maintenant le petit billet anonyme est signé.

RABAGAS, frappé [4].

Signé?

---

1. Bricoli, Rabagas.
2. Rabagas, Bricoli.
3. Bricoli, Rabagas.
4. Rabagas Bricoli.

BRICOLI, souriant.

Dame !

RABAGAS, vivement.

Elle! Au fait! Pourquoi pas? Si c'était!... (Reprenant sa marche.) Oh! oh! j'entrevois des horizons!...

BRICOLI.

Ce que je crois devoir apprendre à Son Excellence, c'est que notre officier, à peine sorti du palais, a couru à la grande poste, où il a commandé, pour cette nuit, une berline de voyage!...

RABAGAS, même jeu.

Oui-da!

BRICOLI.

Le fait m'a paru bizarre! Cette voiture, la nuit, cela ressemble tellement à une fuite... à un enlèvement...

RABAGAS[1], s'arrêtant court.

Un enlèvem..... Juste ciel! quelle idée!... (Baissant la voix.) Je conçois quelque chose d'immense!

BRICOLI.

Plaît-il?

RABAGAS, à lui-même, plus agité que jamais.

Oui! non! Si! Paix,... mon génie!... Tu bouillonnes, tu bouillonnes! Tu m'embrouilles.

BRICOLI[2], surpris.

Hein?...

RABAGAS, à lui-même, même jeu.

Si! Parfait! L'officier de garde... ce jeune homme... avec elle! Personne ici! Et cette clef! C'est sublime!...

BRICOLI, ahuri.

Alors, je défends d'atteler?

---

1. Bricoli, Rabagas.
2. Rabagas, Bricoli.

ACTE QUATRIÈME.

RABAGAS, vivement.

Au contraire!... qu'on attelle!... tout de suite! Et que la voiture vienne m'attendre à la petite porte! (Il désigne le couloir.)

BRICOLI, surpris.

Par là?

RABAGAS.

Pour le prince et pour moi!... Mais un cocher aveugle pour tout ce qui n'est pas ses chevaux!...

BRICOLI.

J'en réponds!... Dois-je avec mes hommes?

RABAGAS.

Inutile! Le colonel nous accompagne, seulement, courez lui dire que Son Altesse, travaillant avec moi, l'invite à n'être ici qu'à deux heures du matin!...

BRICOLI.

Deux heures!...

RABAGAS.

Au lieu d'une heure!.. C'est compris?

BRICOLI.

J'y cours? Mais les prisonniers qui sont là!

RABAGAS.

Amenez-les!

BRICOLI.

Ici?

RABAGAS.

Et seuls?

BRICOLI.

Sans gardes?

RABAGAS, fièrement.

Et moi?

BRICOLI, à lui-même.

C'est Richelieu! (Il va au fond et parle sur le seuil de la porte à un agent, qui s'éloigne.)

RABAGAS, seul à l'avant-scène.

Je reconspire! Voilà tout! — A la porte du tyran! C'est de tradition! Il n'y a rien pour réussir comme une intrigue de palais! Quant aux camarades, un peu roide l'entrevue; mais ils sont si bêtes d'une part, et si... de l'autre... Allons, mon petit Rabagas, de l'audace, de l'audace et encore de l'audace! Et au lieu de gouverneur.. je te fais dictateur! Plains-toi!

BRICOLI.

Les voici!

RABAGAS.

Bon! Allez dormir, maintenant!

BRICOLI.

Je laisse mes agents dans le vestibule.

RABAGAS.

En bas! (A lui-même.) Ils ne me gêneront pas! (Entre Camerlin, Vuillard, Chaffiou et Noisette, piteusement par la gauche, rasant le mur.)

BRICOLI.

Oui, Excellence!

VUILLARD, CAMERLIN et CHAFFIOU.

(Le regardant d'un air sombre et se serrant la main.) Excellence!!!

RABAGAS, à Bricoli.

Allez! (Bricoli sort avec ses hommes, en s'inclinant profondément, rire amer et contraint des trois amis qui le suivent des yeux jusqu'à sa sortie.)

SCÈNE IX.

RABAGAS, VUILLARD, CAMERLIN, CHAFFIOU, NOISETTE, au fond.

CAMERLIN, dès que la porte est refermée, à Rabagas.

... Eh! bien, tu n'es pas qu'un peu canaille, toi, parlons-en!

RABAGAS, descendant en scène, à demi-voix.

Et vous n'êtes pas qu'un peu idiots, vous! de partir sans mon signal! (Surprise.)

VUILLARD, sur le même ton.

Tu ne le donnes pas!

RABAGAS.

Parce qu'il ne fallait pas le donner!

TOUS, surpris.

Ah!

RABAGAS, les imitant et marchant vers eux.

Ah!

CHAFFIOU.

Et l'armée qui trahit et qui cogne sur nous!

CAMERLIN.

Par ton ordre!

RABAGAS, même jeu.

Vous attaquez!

VUILLARD.

Et tu nous coffres!

RABAGAS.

Vous m'y forcez! Est-ce que je puis avoir l'air d'être avec vous? Ayez donc du génie pour ces animaux-là! Et faites-vous donc gouverneur, dans leur intérêt. (Ils se regardent avec stupeur.)

CHAFFIOU.

T'avais donc un plan?

RABAGAS.

Parbleu!

CAMERLIN.

Tu ne dis rien!

---

1. Camerlin, Chaffiou, Rabagas, Vuillard, Noisette.

CHAFFIOU.

Le peuple a cru!..

RABAGAS, vivement.

Le peuple est un âne, et toi aussi... Quoi, malheureux, vous choisissez pour faire une émeute, l'heure où la révolution est faite!... où nous sommes au pouvoir!

VUILLARD.

Toi!

RABAGAS.

Vous aussi! Après moi!... J'obtiens tout, une charte, une chambre, un cabinet! moi en tête!... Vous après!...

VUILLARD, fronçant le sourcil.

Sans la République?

RABAGAS.

Oh! bien! Si nous nous payons de mots!

VUILLARD et CHAFFIOU.

Enfin!

RABAGAS, les interrompant.

Oh! mes enfants! Ne disons pas de bêtises entre nous, n'est-ce pas. Nous ne faisons pas ici un article pour la *Carmagnole*. La République, ce n'est qu'un mot : ce que nous voulons, c'est un fait! — Le progrès!... c'est-à-dire tout ce que nous n'avons pas! Et le triomphe du peuple, représenté par le nôtre! Or le gouvernement qui me donne tout ça... Je me moque bien de son étiquette... Je l'acclame!... J'ai tout!

VUILLARD, CAMERLIN et CHAFFIOU, protestant.

Oh!

RABAGAS, continuant.

Et vous aussi!

CAMERLIN et CHAFFIOU, tranquillement et avec adhésion.

Tout de même!

VUILLARD.

Si les questions sociales!...

ACTE QUATRIÈME.

RABAGAS, l'interrompant avec force.

Mais ne disons donc pas de bêtises entre nous!... Sapristi! Est-ce qu'il y a des questions sociales?... Il y a des positions sociales; et quand on n'a pas les meilleures, il faut les prendre, voilà tout!

VUILLARD, CAMERLIN et CHAFFIOU, protestant avec force.

Oh!...

RABAGAS.

Plaît-il?

TOUS, de même que précédemment.

Oui!

RABAGAS.

Eh! bien, alors?

CAMERLIN.

Fusionnons!

CHAFFIOU, tirant un gant jadis blanc.

Présente-nous au prince!

RABAGAS.

Ah! oui, il est bien temps! C'est manqué maintenant, grâce à vous!

TOUS, déçus.

Manqué!

RABAGAS.

Parbleu! Vous êtes aplatis! Il n'a plus peur! Il n'accordera plus rien; ni Charte, ni Chambre!... Pas même un cabinet!

CAMERLIN.

Sapré mâtin, quel malentendu!

VUILLARD.

Il n'y a donc pas moyen de réchauffer ça?

RABAGAS.

Peut-être?

TOUS, avec joie.

Ah!

RABAGAS.

Mais saperlotte, mes enfants, cette fois-ci, une discipline!

NOISETTE.

Aveugle!

RABAGAS.

Suivez-moi bien! Je brise vos chaînes! Et Noisette file sur Menton...

NOISETTE.

Bon!

RABAGAS.

Menton s'agite! mais il est mou! Il faut le secouer. Là, pas de garnison, que la garnison sarde, qui laissera faire!... Et de notre côté... Tout ce qui a détalé tout à l'heure, avec un ensemble!...

CHAFFIOU.

Pétrowlski en tête!

CAMERLIN.

Parlons de celui-là! Il a tout fait rater, en essayant ses bottes!

RABAGAS.

S'il court, c'est qu'elles vont?

NOISETTE.

Oh! oui... Il court!

RABAGAS.

Avec lui ou sans lui, tu ramasses tout ce que tu trouves dans la rue!...

NOISETTE.

C'est mêlé!

RABAGAS.

Tout! Et tu cries à tue-tête, que je suis maître du palais, que le prince est prisonnier, et que je vous l'amène.

VUILLARD, CAMERLIN et CHAFFIOU.

A Menton?

ACTE QUATRIÈME.

RABAGAS.

A Menton, et tout en hurlant, vous vous emparez de l'Hôtel-de-Ville.

CAMERLIN.

De la mairie !

RABAGAS, avec force.

Mais dites donc l'*Hôtel-de-Ville*, innocents, tout est là ! Qui a l'*Hôtel-de-Ville* a tout! C'est le débarcadère de l'émeute ! Tu passes, il est vide, tu montes ; tu t'installes autour d'une table ; tu écris ton nom, le mien, le sien, sur des petits papiers que tu jettes par la fenêtre... Et personne ne réclame. — La Révolution est faite !... Elle est dans ses meubles !

CAMERLIN.

C'est dit, je me proclame !

RABAGAS, vivement.

En m'attendant ! — J'arrive à une heure du matin, avec mon prince muselé, ficelé !...

TOUS, stupéfaits.

Bah !

RABAGAS.

Tout simplement !

TOUS.

Quel génie !

RABAGAS.

Oui, quand vous en trouverez un de ma force !

VUILLARD.

Mais comment ?

RABAGAS.

Le Valentinois compte sortir cette nuit, pour aviser aux mesures à prendre en cas d'attaque matinale des Mentonnois. Il sort par là, et c'est là que vous l'attendez au passage. Une voiture est à la porte, il descend... avec ou sans lumière. Vous sautez sur lui, et si, à vous trois, malgré sa résistance et ses cris, vous ne venez pas à bout de lui enfoncer une casquette

sur le nez, et de lui lier pieds et pattes avec vos mouchoirs!
Vous n'êtes pas dignes d'être libres!

CHAFFIOU.

Pardi ! s'il est seul!

RABAGAS, affirmant.

Seul!

CAMERLIN.

Pas d'officiers?

RABAGAS.

J'en réponds! Le coup fait, je vous rejoins. Nous l'emballons en voiture. Je saute sur le siége et nous brûlons le pavé jusqu'à Menton! Arrivée, triomphe! Le prince effrayé fait tout ce qu'on veut. Il abdique, nous proclamons l'indépendance monégasque, et le tour est joué!

CAMERLIN.

Splendide!

VUILLARD.

Bon! bon! mais expliquons-nous sur l'indépendance monégasque!

CAMERLIN et CHAFFIOU.

Oui!

RABAGAS.

Cela va tout seul!... La République, avec ma dictature.

TOUS TROIS, protestant.

Dictateur!

RABAGAS.

Dame!

VUILLARD.

Toi... Le pouvoir absolu?

RABAGAS.

Eh bien?

TOUS QUATRE.

Jamais!

RABAGAS.

Mais!

TOUS.

Jamais!

RABAGAS.

Oh! bien, mes enfants! C'est bien simple!... Si vous me refusez le pouvoir absolu, comment diable voulez-vous que je fonde la liberté?

CAMERLIN.

Mais!

RABAGAS, vivement.

N'en parlons plus! Je vous renchaîne. (Il remonte comme pour appeler les agents.)

CHAFFIOU, effrayé.

Hein! (Ils courent tous à lui.)

CAMERLIN.

Voyons! voyons! On peut s'entendre!

RABAGAS.

Non! non!

TOUS, l'entourant.

Eh! si!

CHAFFIOU.

Qu'est-ce que le peuple veut après tout? Il ne veut que des garanties, ce pauvre peuple!

RABAGAS, redescendant lentement.

Quelles garanties?

CAMERLIN, de même, collé contre lui.

Quelque chose pour nous!

VUILLARD, de même.

Il y aura bien quelque place?

RABAGAS.

De ministres, n'est-ce pas? comme sous la tyrannie!

CAMERLIN.

Dame!

RABAGAS, gagnant la droite[1].

Je ne veux pas de ministres dans *ma* République!

VUILLARD, exaspéré.

Mais alors!

RABAGAS.

Je ne veux que des *préposés,* ou des *détachés!* ou des!...

CAMERLIN.

Va pour *préposé,* c'est moins leste?

RABAGAS, les regardant des pieds à la tête, en se mouchant.

Et encore, à quoi?

CAMERLIN.

Eh bien, mais moi, par exemple, à l'intérieur.

VUILLARD.

Moi, aux relations étrangères!

RABAGAS, le toisant.

Elles seront jolies!

CHAFFIOU.

Moi, j'aimerais assez les finances!

RABAGAS.

Il n'y en a pas!...

CHAFFIOU.

Ou la police!... Et je te fais un nettoyage des dossiers!...

RABAGAS.

Tu ne sais pas seulement écrire!

CHAFFIOU.

Et le patriotisme, alors, à quoi qu'il sert?

RABAGAS.

Allons, soit!

---

1. Camerlin, Chaffiou, Vuillard, Rabagas.

TOUS.

C'est dit!

RABAGAS.

C'est juré! (A lui-même.) Mais ce sera d'un provisoire! (Haut à Noisette.) Maintenant, toi, en route, et vous trois, en place!

TOUS.

Marchons!

RABAGAS, prenant un bougeoir allumé.

Je vous montre le chemin. (Il s'engage dans le couloir avec Noisette.)

CHAFFIOU, aux deux autres, sur le seuil du couloir, dès que Rabagas a disparu.

Une fois là-bas, sa dictature! (Geste significatif des trois.)

VUILLARD.

Un triumvirat! A la bonne heure!

TOUS TROIS, se serrant la main.

Voilà! (Chaffiou disparaît dans le couloir.)

VUILLARD, seul avec Camerlin.

Ou deux consuls!

CAMERLIN, lui serrant la main.

Encore! (Vuillard disparaît. — Seul.) Ou un seul!... Plutôt un seul! (La porte de gauche s'ouvre.) Bigre! on vient! (Il disparaît dans le couloir avec précaution en tirant la porte sur lui au moment où le premier valet entre en éclairant Carle.)

SCÈNE X.

CARLE, Deux Valets.

CARLE, entrant par le fond avec son manteau.

Alors, Philippe, vous êtes sûr qu'André?

PREMIER VALET.

Libre, monsieur, je l'ai vu sortir!...

CARLE.

Je respire! je viens de passer sur cette route une heure d'anxiété!... (Un deuxième valet sort de chez le prince.)

PREMIER VALET, à Carle.

Bonne garde, monsieur.

CARLE.

Merci! (Au deuxième valet.) Son Altesse n'a pas d'ordre?...

DEUXIÈME VALET.

Son Altesse dort!

CARLE, avec joie.

Déjà! tant mieux! (Les valets vont pour sortir et se trouvent en face d'André qui entre par la gauche et dépose son manteau sur une chaise près de la porte.) André!... (Il court à lui. Les valets sortent.)

SCÈNE XI.

CARLE, ANDRÉ.

CARLE.

Dieu soit loué, mon André, tu es libre!

ANDRÉ[1].

Depuis une heure!

CARLE.

Ai-je assez maudit cette corvée qui m'éloignait de toi!... Enfin, tout va bien!... Que s'est-il passé? Conte-moi cela!

ANDRÉ.

Plus tard! Pour l'instant ne pensons qu'à ceci... Lis! (Il lui donne l'ordre du prince.)

CARLE.

Un ordre de départ!

---

1. Carle, André.

ANDRÉ, doucement, lui prenant la main.

Oui!

CARLE, atterré.

Partir? la quitter!

ANDRÉ.

Il le faut! Allons, courage!

CARLE.

Et c'est à toi que je dois cela?

ANDRÉ.

A mistress Blounth, mais sur ma prière... je l'avoue.

CARLE.

Quelle trahison!

ANDRÉ.

Carle, n'oublie pas nos conventions! Ce départ, tu me l'avais promis!

CARLE.

Oh! sans y croire! D'ailleurs, pas pour cette nuit!

ANDRÉ.

Le plus tôt est le mieux!

CARLE.

Allons, c'est absurde... Est-ce que je puis m'éloigner ainsi, sans m'être préparé?...

ANDRÉ.

Tout est près! Ta valise, la chaise de poste.

CARLE, amèrement.

Quel zèle! Tu oublies que je ne puis pas en profiter

ANDRÉ.

Pourquoi?

CARLE.

Je suis de garde!

ANDRÉ.

Je te remplace.

CARLE, irrité.

Enfin, je te répète que ce départ est impossible !

ANDRÉ.

Une raison ! une bonne !

CARLE.

Sa lettre ! Elle m'a écrit ! elle m'attend

ANDRÉ.

Et tu iras à ce rendez-vous?

CARLE.

Plus que jamais !

ANDRÉ.

Malgré !...

CARLE.

Malgré toi, et ta féroce amitié !... oui !...

ANDRÉ.

Carle, pense bien à ce que tu vas faire. Il t'arrivera quelque malheur, et je ne serai pas toujours là pour le conjurer.

CARLE.

Belle générosité de me faire une menace de ton danger, pour m'arracher une odieuse concession !

ANDRÉ.

Vois à quel point tu as, toi-même, conscience de ta faute... Tu deviens méchant.

CARLE, excédé.

Tiens, va-t'en, je t'en supplie. Ce n'est ni l'heure ni le lieu d'une dispute ! Va-t'en !

ANDRÉ.

Il le faut bien ! Ah ! tu peux te vanter de me désespérer, toi !... (Il va prendre son manteau. — Fausse sortie.)

CARLE.

Tu pars ! comme cela... sans me tendre la main !

ANDRÉ, redescendant vivement et lui serrant les mains avec effusion.
Si encore j'étais sûr que tu seras prudent...

CARLE.
Je le serai! je te le promets! et pour cela, je penserai à toi.

ANDRÉ.
Oui, je crois surtout que c'est à moi qu'on pensera!

CARLE.
Va dormir, va... et sois tranquille; tout ira bien.

ANDRÉ.
Ah! que je suis donc fâché de t'aimer, toi!

CARLE.
Ingrat!... comme je te manquerai... Quand tu n'auras plus à trembler pour moi!

ANDRÉ.
C'est vrai!

CARLE.
Allons, à demain matin!...

ANDRÉ.
Ah! ce demain-là! je donnerais un an de ma vie pour y être! (Il sort.)

SCÈNE XII.

CARLE, seul.

Brave cœur!... il vaut mieux que moi. Et il me fait du mal avec une conscience. (Regardant l'ordre.) Me séparer d'elle, voilà donc ce qu'ils ont trouvé!... Patience, je ne suis pas encore parti... et d'ici à demain, je trouverai bien... (S'interrompant.) Quelqu'un! (La porte du fond s'ouvre et les femmes de la princesse sortent de chez elle. L'une des trois éteint la lumière du corridor, les autres détachent les portières qui retombent et ferment entièrement la porte du fond.) Ah! les femmes de la princesse! Elles se retirent!... (Elles traversent la scène et sortent par la gauche en lui faisant un salut qu'il rend.) La voilà seule!... car je ne compte pas la femme de chambre qui couche dans la chambre du fond... Un peu âgée, celle-là, et dormant avec une complaisance... (Regardant à gauche par où les femmes sont sorties, le vestibule qui n'est plus éclairé que par la lune.) Ici!... le vestibule... l'escalier... vide; et tout éteint!... bien!... (Regardant la porte d'Eva.) L'Américaine!... qu'aurait-elle à faire ici? rien!... quant au prince!... il dort!... personne! rien à craindre!... et six heures de tranquillité devant moi!... Allons! (Il remonte vers la porte du fond et soulève une des portières, on voit le corridor obscur et sous la porte de la princesse un peu de lumière.) Sa lumière!... elle m'attend?... maladroite!... Au lieu de l'éteindre!... (Il laisse retomber la portière et disparaît. — Au même instant la petite porte du couloir s'ouvre et Rabagas paraît, un bougeoir à la main, marchant avec précaution.)

SCÈNE XIII.

RABAGAS, seul, puis EVA.

RABAGAS.

Je savais pardieu bien que je ne trouverais pas ici notre officier de garde. (Désignant la porte d'Eva.) Il est là! c'est clair! et n'a pas envie d'en sortir!... allons, allons, la voiture... mes trois hommes à leur poste!... Le petit sur la route de Menton?... L'escorte dans une heure seulement!... tout va le mieux du monde!... (Regardant l'heure.) Et dans une demi-heure!... au plus tard, le coup sera fait!... Assurons-nous qu'il n'y a personne de ce côté. (Il va, avec son bougeoir, visiter le vestibule de gauche.)

EVA, sur le seuil de sa porte et soulevant sa portière.

Je ne dormirai pas tranquille que je ne me sois assurée du départ de notre amoureux!... (Après un regard à toute la pièce.) Personne!... Il est parti. (Respirant.) Allons, M. de Mora m'a tenu parole!... (Elle va pour rentrer chez elle: en ce moment, Rabagas revient, et elle aperçoit d'abord sa lumière.) Une lumière!... Ce serait lui?...

SCÈNE XIV.

RABAGAS, EVA.

Rabagas rentrant par le vestibule, et Eva faisant un pas vers lui, ils se trouvent face à face.

EVA.

Rabagas!

RABAGAS [1].

Madame! (A part.) Diable! elle me gêne.

EVA.

Comment! comment! ici à cette heure?

RABAGAS, sur le même ton.

Comment! comment! vous-même?

EVA.

Je vous croyais parti...

RABAGAS.

Du palais ou du gouvernement?

EVA.

Fi! du palais seulement.

RABAGAS, gaiement, déposant son bougeoir sur la table.

Eh bien! justement je suis ici pour ne sortir ni de l'un ni de l'autre.

EVA.

Ah! ah! que se passe-t-il donc?

RABAGAS.

Ah! Son Altesse pratique l'indépendance du cœur... J'ai reçu tantôt certaine ouverture qui ressemblait furieusement à une porte de sortie... Et, me rappelant nos conventions, madame, j'ai trouvé l'invitation un peu brusque...

1. Eva, Rabagas.

EVA.

Trop brusque, évidemment. (A part.) Car, à part ça...

RABAGAS.

Alors, missess, je puis compter encore sur votre appui?

EVA, assise sur le canapé.

Certes!

RABAGAS.

Maintenon et Louvois, toujours?

EVA.

Toujours!

RABAGAS.

J'en suis ravi, car je vais immédiatement réclamer de cette entente cordiale un petit service.

EVA.

Qui est?

RABAGAS.

De vouloir bien être assez bonne pour rentrer immédiatement dans votre appartement?

EVA.

Et pourquoi?

RABAGAS.

Au point où nous en sommes, je n'ai pas de secrets pour vous... Le prince va sortir incognito.

EVA.

Je le sais!

RABAGAS.

Or, j'ai préparé là, sur son passage, une petite manifestation en ma faveur.

EVA.

Ah!

RABAGAS.

Qui ne permettra plus à Son Altesse de me discuter comme impopulaire.

EVA.

Et c'est pour cela que vous désirez qu'elle sorte?

RABAGAS.

Tout bonnement!

EVA, à part.

Il y a autre chose... (Haut.) Eh bien! mais en quoi ma présence?...

RABAGAS.

Oh! pardon, je ne veux pas être fade, mais il est évident que si Son Altesse vous rencontre!... elle n'aura plus le courage de s'éloigner.

EVA, protestant doucement.

Oh!

RABAGAS, insistant.

Parfaitement!... Et mon petit effet est manqué.

EVA.

C'est que je vais vous dire! Je ne tiens pas beaucoup à ce qu'il sorte, moi!

RABAGAS.

Bah!

EVA.

Non, cette petite promenade nocturne... franchement, cela ne me dit rien de bon!

RABAGAS.

Quelle erreur!... Après dîner!... c'est souverain!...

EVA.

Pas cette nuit.

RABAGAS.

Mais alors?...

EVA.

Alors! je ne serais pas fâchée de le rencontrer, pour l'en dissuader.

RABAGAS.

Ah! madame, vous ne ferez pas cela!

EVA.

Mais si!

RABAGAS.

Mais non, vous me feriez un trop grand tort, et à vous aussi...

EVA.

A moi?

RABAGAS.

Vous êtes intéressée autant que moi à cette petite promenade.

EVA, surprise.

Et en quoi, je vous prie?

RABAGAS.

Mais pensez donc, s'il allait trouver là... (Il désigne la chambre d'Eva.) quelqu'un!...

EVA, vivement.

Chez moi!

RABAGAS.

Dame?

EVA.

Vous êtes fou, monsieur!

RABAGAS, en bon garçon.

Ah! bien, vous ne me traitez pas en allié!... Un peu de confiance, de grâce!... Voyez comment je vous conte mes petites affaires, moi, c'est charmant!

EVA, sèchement.

Trêve de raillerie, s'il vous plaît!... Vous supposez que Son Altesse trouverait chez moi quelqu'un à cette heure?

RABAGAS.

Je suppose?... oh! Dieu non!... J'en suis sûr!

EVA, près d'éclater.

Et d'où vient cette belle certitude?

RABAGAS, tirant le billet.

Mais d'un billet, écrit par cette adorable main...

EVA, saisie.

Un billet? de moi, à qui?

RABAGAS.

Mais à un bel officier, par exemple.

EVA.

Un officier, nommez-le donc, monsieur, nommez?

RABAGAS.

M. de Mora!

EVA.

André?

RABAGAS.

C'est ça,... André!

EVA.

Et ce billet?

RABAGAS.

Le voici! (Il lit.) « Mon ami, qu'est-ce que cette histoire de la nuit dernière? Et cet homme que vous avez blessé!...

EVA, debout, à elle-même, avec effroi.

La princesse!

RABAGAS, continuant à lire en soulignant les mots.

Venez! cette nuit... à l'heure ordinaire, et si vous êtes de garde au palais... comme je crois, ce sera bien plus commode... »

EVA, à part.

Ah! la folle qui écrit!

RABAGAS.

Il est aisé de voir à qui ceci s'adresse... Et comme il n'est pas là!

EVA, à elle-même, respirant.

C'est qu'il est parti, heureusement!...

RABAGAS, raillant.

Vous me direz peut-être que c'est l'écriture d'un autre?

EVA, vivement.

Non, non! C'est la mienne!

RABAGAS.

Alors, fermons la parenthèse! — M. de Mora est chez vous...

EVA.

Peut-être. (A part.) Rusons!

RABAGAS.

Sûrement! Donc le prince peut l'y trouver, donc il ne faut pas qu'il nous voie... donc... (Il lui montre la porte de sa chambre en lui faisant le geste de rentrer.)

EVA.

Ah! maudit homme, il nous tient!

RABAGAS, soulevant la portière de la chambre en souriant et lui faisant signe d'entrer.

Allons, allons, missess, allons!...

EVA [1].

Pas encore! Voyons, monsieur Rabagas. (Elle s'assied sur le canapé.) En vrais amis, causons, voulez-vous?...

RABAGAS, redescendant vivement.

Vite!... Car le temps presse...

EVA, lui montrant la place à côté d'elle.

Rendez-moi ce billet, et nous concilierons tout!

RABAGAS, assis à côté d'elle.

Concilions d'abord!...

EVA, très-séduisante.

Vous n'avez pas confiance en moi?

---

[1]. Rabagas, Eva.

ACTE QUATRIÈME.

RABAGAS, protestant.

Oh!.., (Lui baisant la main.) Pas du tout!...

EVA.

C'est bien mal, car enfin nous n'avons jamais eu que des rapports...

RABAGAS, même jeu.

Exquis?...

EVA.

Eh bien! alors; un bon mouvement, voyons, rendez-le.

RABAGAS.

C'est que j'ai un mouvement dont je suis si content!... qui est de le garder!

EVA, en chatte.

D'abord, est-il bien vrai... Ce billet?

RABAGAS.

Oh!

EVA.

Je veux dire, n'est-ce pas une copie?

RABAGAS.

C'est l'original!

EVA.

Voyons un peu... que je le relise!

RABAGAS.

Je le sais par cœur... « Mon ami... »

EVA, dépitée, se levant.

Ah!... vous avez tort, monsieur Rabagas, prenez garde à vous!...

RABAGAS.

Ah bien! si c'est ça que vous appelez concilier... (Debout.) Voyons, un marché...

EVA.

Un marché!

RABAGAS.

Aidez-moi à faire sortir le prince, et je vous rends le billet!

EVA.

Mais enfin, vous tenez donc bien à ce qu'il sorte?

RABAGAS.

Dame, oui, ma petite représentation...

EVA.

Allons!... Me prenez-vous pour une enfant!... Il y a là-dessous quelque chose!...

RABAGAS.

Quoi?

EVA.

Ah!... Quelque trahison!... Aussi vrai!...

RABAGAS, debout.

Oh! si l'on peut!

EVA.

Et le prince ne sortira pas!... Je vous en réponds!...

RABAGAS.

Et qui l'empêchera?...

EVA.

Moi!

RABAGAS.

Ah! prenez garde à votre tour, madame, c'est la guerre.

EVA.

Je me défends!

RABAGAS.

Qui vous attaque?... Soyez neutre.

EVA, à l'extrême droite.

C'est-à-dire votre complice!... Allons donc!... je reste, je l'avertis et je vous démasque.

RABAGAS.

Vous ne ferez pas cela!

ACTE QUATRIÈME.

EVA.

Ah!... Eh bien, vous allez voir. (Elle remonte vivement vers la porte du prince.)

RABAGAS, remontant au milieu.

Madame, écoutez bien ceci. Un seul mot... un geste qui retienne ici Son Altesse!... Foi de Rabagas, elle restera pour quelque chose, et certaine visite que je lui conseille de ce côté.

EVA, sur le seuil.

Qu'elle la fasse, monsieur.

RABAGAS.

L'officier sera parti!

EVA, poussant la porte du corridor pour aller chez le prince.

Peut-être!

RABAGAS, vivement, tirant le billet de son gousset.

Possible, mais alors, pour le remplacer!

EVA, s'arrêtant.

Le billet!

RABAGAS, tranquillement.

Voilà tout!

EVA, allant à lui.

Vous aurez l'audace.

RABAGAS, redescendant sur le milieu de la scène.

Oh! sans audace, comme ça, tranquillement.

EVA, effrayée.

C'est une infamie, on n'emploie pas de telles armes contre une femme.

RABAGAS, même jeu.

Avec elles, il n'y a pourtant que celles-là!

EVA.

Une lettre!... à moi... que vous avez volée!

RABAGAS.

Conquise!

EVA.

Volée!

RABAGAS.

Conquise?... C'est de la politique.

EVA, redescendant.

Le lâche! C'est qu'il le fera!

RABAGAS[1].

Mais voyons. Missess, raisonnons! Sommes-nous ennemis ou alliés; si ennemis, blessure pour blessure! si amis, service pour service... Mystère sur vos fantaisies nocturnes, bon, mais alors, sapristi! passez-moi mes petites promenades...

EVA.

Vos complots!

RABAGAS.

Pour mon ambition, comme vous pour votre amour. [A chacun ses petites joies!.. Vous contrariez les miennes et vous voulez que je respecte les vôtres, c'est inique!... Retenir le prince, c'est me ruiner!... Ruine pour ruine... Vous m'empêchez d'être Louvois, je vous défends d'être Maintenon. Et si je sors du palais... De par tous les diables!... Vous en sortirez avec moi,... bras dessus, bras dessous!...

EVA, qui l'a observé tout le temps qu'il a parlé, à elle-même.

Ah! je comprends, un guet-apens!... On l'enlève!

RABAGAS, protestant.

Mais non.

EVA, sans l'écouter.

Si, si, c'est cela!... et rien à dire, rien à faire!... Si!... prévenir le capitaine! (Elle s'élance pour rentrer chez elle.)

1. Rabagas, Eva.

RABAGAS[1], courant vivement devant la porte pour lui barrer le chemin.

Pardon, où allez-vous?

EVA, voulant passer.

Chez moi. Je renonce à lutter. Laissez-moi!

RABAGAS, même jeu.

Oh! mais pardon, pardon! Pas si vite! Du moment qu'il y a une autre porte!

EVA, violemment, même jeu.

Mais je vous dis que je veux sortir! (Elle court à la porte d'entrée.)

RABAGAS, même jeu, lui barrant encore le passage.

Mon Dieu non!

EVA.

Ah! laissez-moi à la fin! ou j'appelle, et je vous fais chasser comme un laquais que vous êtes!...

RABAGAS, souriant.

Soit, mais alors, moi! (Il montre le billet.)

EVA, exaspérée, redescendant.

Oh! cette menace toujours!... et ne pas pouvoir!...

RABAGAS, écoutant vers la droite.

Silence!... On a bougé de ce côté.

EVA.

Le prince?...

RABAGAS.

Oui, chez lui!

EVA, effrayée, montrant la petite porte.

Il va descendre!

RABAGAS.

J'y compte bien! (Il va jusqu'à l'entrée de l'appartement du prince.)

1. Rabagas, Eva.

EVA, désespérée.

Et ne pouvoir l'arrêter, qu'en lui dénonçant sa fille!

RABAGAS.

Il ouvre sa porte... il vient... décidez...

EVA.

Ah! c'est fait!... tant pis... je dis tout! (Elle s'élance au-devant du prince.)

RABAGAS, inquiet.

Madame!

EVA, s'arrêtant court.

Non!

RABAGAS, heureux.

Non!

EVA, avec une joie subite.

Pas d'officier, il ne descendra pas! (On voit le corridor de droite s'éclairer.)

RABAGAS, inquiet.

Que si!

EVA, avec espoir, le regard toujours tourné du côté par où vient le prince

Non! non! non! il ne descendra pas!

RABAGAS.

Nous verrons bien!

EVA.

De là! (Elle désigne l'entre-deux de sa porte, toujours guettant le prince.)

RABAGAS, soulevant la portière de la porte d'Eva.

Ensemble... Parfait!

EVA, même jeu.

S'il descend, je crie... voilà tout!... J'ai le temps!... (Elle dérobe doucement dans l'embrasure de la porte.)

RABAGAS, à côté d'elle, sous la portière qui les cache tous deux¹.

C'est charmant, nous avons l'air de deux amoureux!... Faisons-nous la paix? (Il va pour lui baiser la main.)

1. Eva, Rabagas.

EVA, tout contre lui, le toisant après avoir contenu une forte envie de le souffleter.

Imbécile !...

SCÈNE XV.

Les Mêmes, cachés, LE PRINCE, il entre, tenant un bougeoir, en tenue de ville, un manteau sur le bras.

LE PRINCE, regardant sa montre.

Une heure moins le quart, l'escorte doit être en bas ! Voyons !... Je n'oublie rien !... Mon manteau !... (Il va à la porte du couloir de sortie, mouvement d'Eva, qui ouvre la bouche pour crier. — Le prince s'arrête, surpris de voir la porte entre-bâillée.) Tiens ! ce n'est pas fermé ! (Il ouvre la porte toute grande et regarde dans le couloir.)

RABAGAS, bas, empêché de voir par Eva.

Il ouvre ?

EVA, de même.

Oui ! Ah ! mon Dieu ! courage ! Allons ! il le faut !

RABAGAS, de même.

Plaît-il ? (Le prince rentre.)

EVA, de même.

Rien. Chut !

LE PRINCE.

Qui diantre a ouvert cette porte ?... Et où est l'officier de garde ?

RABAGAS, à Eva, même jeu.

Il est rentré ?

EVA.

Oui !

LE PRINCE.

Ah ! dans cette galerie, endormi sur quelque banquette ! je descendrai par là !... (Il prend son manteau, remonte, écarte la portière du fond et sort par la galerie ; la draperie reste écartée.)

RABAGAS, qui de sa place continue à ne rien voir.

Il descend?

EVA, à elle-même, prise d'une idée subite, à demi-voix, quittant sa place.

Oui!... oui!... il descend... c'est fait!

RABAGAS, sortant de la cachette [1].

Parti!

EVA, lui désignant la porte du corridor.

Voyez!

RABAGAS, sorti, voyant la porte du couloir toute grande ouverte.

Oui!... (Avec joie.) Victoire!... nous le tenons.

EVA.

Mais ma lettre!

RABAGAS, se dérobant.

Oh! demain!

EVA.

Ah! ma lettre!

RABAGAS, sans l'écouter, s'arrachant à elle.

Vivat! je suis dictateur. (Il s'élance dans le couloir.)

EVA, courant jusqu'à la porte, où elle s'arrête.

Ah! traître! (On entend des trépignements de pieds et un cri étouffé.) Une embuscade!... c'était bien ça... (Fermant la porte.) Ça se passe en famille!... La lettre, nous verrons demain... et cette nuit, pour plus de sûreté... (Elle court à la porte de la princesse, qu'elle ferme à double tour et prend la clef.) à double tour. (Elle redescend vivement pour rentrer chez elle.) Ah!... maintenant, jusqu'à demain, je puis dormir tranquille!...

1. Rabagas, Eva.

ACTE CINQUIÈME

Même décor. — Le matin, au petit jour.

SCÈNE PREMIÈRE.

ANDRÉ, puis EVA.

ANDRÉ, *sur le seuil de la porte d'entrée,*

Carle!... Six heures... Il est temps de partir!... (Entrant.) Personne!... Bon! ce canapé!.... Il dort? (Il vient jusqu'au canapé qu'il trouve vide.) Non! Où ce fou peut-il être encore? Ah! l'antichambre du prince!... (Il va à droite, soulève la portière.) Carle!... (Il disparaît en appelant encore.) Carle!...

EVA, *sortant de chez elle.*

Qu'est-ce donc? Il m'a semblé qu'on appelait!

ANDRÉ, *reparaissant inquiet.*

Ah! missess!... Pardon!

EVA.

Et qui cherchez-vous d'un air si inquiet?

ANDRÉ.

Carle.

EVA.

Carle... Eh! bien, il est parti?

ANDRÉ.

Mais non, madame, non! Un malheureux billet qu'il a reçu dans la soirée...

EVA.

Oui. Mais l'ordre du prince.

ANDRÉ.

Ah! l'ordre! Il m'a bien déclaré qu'il n'obéirait que ce matin (Mouvement d'Eva.) L'espoir de la voir une dernière fois... il n'a jamais voulu consentir à me céder sa place dans cette chambre!

EVA, effrayée.

Ici! Mais il n'y était pas cette nuit!

ANDRÉ.

Pardonnez-moi! Toute la nuit!

EVA.

Allons, c'est impossible! Je ne l'y ai pas trouvé!...

ANDRÉ.

Parce qu'il était à son rendez-vous!

EVA, frappée.

Ah!... Heureusement que j'ai pris la précaution de fermer... (S'arrêtant.) Grand Dieu, quelle idée!...

ANDRÉ.

Madame!...

EVA.

A quelle heure était-il ici?

ANDRÉ.

A la fermeture des portes, vers onze heures!

EVA.

Vous l'y l'avez vu?

ANDRÉ.

Oui.

EVA.

Et depuis?

ANDRÉ.

Je le cherche partout!

ACTE CINQUIÈME.

EVA, épouvantée.

Ah! Juste ciel! Aurais-je fait cela?

ANDRÉ.

Quoi donc?

EVA.

Il serait là?

ANDRÉ.

Chez!...

EVA.

A minuit!... J'ai fermé la porte; et voici la clef.

ANDRÉ, effrayé.

Ensemble!

EVA.

Toute la nuit!

ANDRÉ.

Ouvrez, madame, ouvrez vite! Par les fenêtres, en vue de tous! Il ne peut pas s'échapper!

EVA.

Et quand il le pourrait! Ouvrez!... Moi je n'en ai pas la force!... (Elle tombe assise sur le canapé.)

ANDRÉ, prenant la clef.

Donnez!... (Il court à la porte de la princesse.)

EVA.

Dépêchez-vous!... On vient!... (Debout à demi-voix, avec épouvante.) Le prince!...

ANDRÉ, redescendant.

C'est fait!

EVA.

Ah! Seigneur Dieu!... Pourvu qu'il n'aille pas sortir à présent!...

SCÈNE II.

Les Mêmes, LE PRINCE.

LE PRINCE, sortant de chez lui, et surpris de voir Eva.

Comment! déjà réveillée!... (Apercevant André.) Ah!... Et avec monsieur?...

EVA, cherchant à se remettre.

Oui, nous causions là !

LE PRINCE.

Je vois bien! (A part.) Encore ensemble!... Et à cette heure!... (Haut.) Vous semblez bien émue !

EVA.

Oui, tous les événements que monsieur me contait...

LE PRINCE[1], soupçonneux et sévère.

Et comment est-il ici à vous les conter, quand toute sa compagnie est à Menton... où l'on se bat?

EVA.

On se bat?

LE PRINCE.

Sans doute Menton s'est révolté cette nuit! (Avec ironie et colère contenue.) Ce n'est donc pas là ce que vous contait monsieur?

ANDRÉ.

Pardon, monseigneur!... Mais l'affaire n'est pas aussi grave que Votre Altesse le suppose; car parti tout à l'heure avec mes hommes, j'ai reçu contre-ordre de M. de Vintimille à mi-chemin; et je venais en toute hâte en donner avis à Votre Altesse...

LE PRINCE.

Ah ! (Sèchement.) C'est bien, monsieur, je ne vous retiens

---

1. Eva, le prince, André.

plus! (A part.) Ce trouble!... (Eva regarde à la dérobée la porte du fond. — Même mouvement d'André qui salue, et se retire, ils échangent un coup d'œil anxieux, que le prince surprend à demi.) Ce regard!... (Avec une colère sourde.) On se joue de moi!... (Pris d'une idée subite.) M. de Mora!...

ANDRÉ, s'arrêtant sur le seuil.

Monseigneur!...

LE PRINCE, ne perdant pas de vue Eva[1].

Qui donc était de garde, ici, cette nuit?... (Mouvement d'Eva.) Elle a tressailli!

ANDRÉ, troublé.

Ici, monseigneur!

LE PRINCE, le regardant attentivement.

Oui!...

ANDRÉ.

C'était moi!... monseigneur!...

LE PRINCE, vivement.

Vous!... Ah! c'était vous!... (A part, avec émotion.) C'est clair, maintenant! (Échange de regards entre Eva et André... il dompte son émotion.) Alors, monsieur, daignez m'expliquer comment il se fait que cette nuit, voulant sortir, je ne vous ai point trouvé dans cette chambre?

EVA, découragée, à part.

Bon Dieu!... Autre chose maintenant!...

ANDRÉ, très-mal à l'aise.

Monseigneur,... je ne comprends pas cela!...

LE PRINCE.

Moi non plus, je l'avoue!...

ANDRÉ.

Il faut que l'on n'ait pas su me trouver!

---

1. André caché au fond, Eva, le prince.

LE PRINCE.

Pardon, c'est moi-même qui ai constaté votre absence !

ANDRÉ.

C'est que!...

LE PRINCE, contenant à peine sa colère.

C'est que?...

ANDRÉ, effrayé et vivement.

Ah!... à minuit, monseigneur, je me souviens à présent!... j'ai entendu quelque bruit de ce côté!... (Il indique la petite porte de droite.) Et je suis allé jusqu'à la petite cour!... Oui, c'est cela !... A minuit précisément!...

LE PRINCE, désignant la porte.

Par là?...

ANDRÉ.

Oui, monseigneur !

LE PRINCE, prêt à éclater.

Et comment cela, n'ayant pas la clef, et la porte étant toujours fermée?... (Eva profite du moment où le prince regarde, en la désignant, la petite porte, pour faire vivement à André un signe de négation.)

ANDRÉ.

Je demande pardon à Votre Altesse,... mais contre l'ordinaire, cette porte était ouverte !

LE PRINCE.

Ouverte!... (Se rappelant.) C'est vrai!... Je m'en suis étonné moi-même !

ANDRÉ.

Il faut donc que Votre Altesse soit venue précisément...

LE PRINCE, sèchement.

C'est assez! monsieur!... (A part.) Ah! je ne saurai rien encore!... mais j'aurai ma preuve, je l'aurai!... (André salue et va pour se retirer et le prince pour rentrer chez lui.)

EVA, avec joie.

Il part!... (Sons de trompettes dehors.)

LE PRINCE, s'arrêtant.

Qu'est-ce que cela?...

ANDRÉ.

Monseigneur,... c'est M. de Vintimille qui rentre avec messieurs les gardes!

LE PRINCE.

Qu'il vienne!... (André sort par la gauche.)

EVA, à elle-même.

Fatalité!... Il ne s'en ira pas!

LE PRINCE, avec ironie.

Vous devriez vous aller reposer, missess!... Il fait à peine jour!... Et toutes ces émotions vous épuisent!...

EVA, souriant.

Il y a de quoi... je vous assure!...

LE PRINCE, à part.

Ah! déloyale créature!... Je te confondrai!...

SCÈNE III.

LES MÊMES, LE CAPITAINE, ANDRÉ,
DEUX OFFICIERS, au fond.

LE PRINCE.

Eh bien! capitaine?

LE CAPITAINE.

C'est fini!... monseigneur!... Tout était rentré dans l'ordre avant mon arrivée, et je n'ai pas eu à brûler une amorce!... D'ailleurs le lieutenant a dû...

LE PRINCE.

Oui!... alors les tapageurs?

LE CAPITAINE.

S'ils courent toujours!... Ils avaient un canon; mais au second coup, il a éclaté...

LE PRINCE.

Et l'hôtel de ville?...

LE CAPITAINE.

Enlevé à deux heures du matin!... Et M. le gouverneur délivré!...

LE PRINCE.

Le gouverneur?...

LE CAPITAINE.

Était au pouvoir des rebelles!...

LE PRINCE.

Rabagas!...

LE CAPITAINE.

En personne!... Le colonel a trouvé Son Excellence ficelée sous une table, et nous le ramenons en voiture!

LE PRINCE.

Que me contez-vous là?

LE CAPITAINE.

Ma foi, monseigneur, Son Excellence vous le contera mieux que moi! (Les tambours battent aux champs dehors.) Car la voici!... On bat aux champs!...

LE PRINCE.

Pour Rabagas?...

LE CAPITAINE.

Dame!...

LE PRINCE.

Mais c'est absurde!... Mais qu'ils s'arrêtent!... Arrêtez donc les tambours!... (Un officier sort vivement.)

EVA, à elle-même.

Et il ose encore venir, celui-là?

LE PRINCE.

Mais je ne me débarrasserai donc jamais de ce faquin!... Je le jette à la porte, il rentre par la fenêtre!...

RABAGAS, parlant à la cantonade, dans le vestibule, où on le voit de dos.

Non! mes amis! non!...

LE PRINCE.

Le voilà!...

RABAGAS, de même.

Ne criez pas : Vive Rabagas!...

LE PRINCE.

Mais ils ne crient pas, charlatan!...

RABAGAS, même jeu.

Criez : Vive la prospérité de Monaco!... (Entrant.) C'est la même chose!...

SCÈNE IV.

Les Mêmes, RABAGAS [1].

RABAGAS, radieux, du seuil.

Victoire, monseigneur!... Nous triomphons, Votre Altesse et moi, sur toute la ligne!...

LE PRINCE, à lui-même.

Merci du pluriel!...

RABAGAS, sans l'écouter.

Pardonnez, prince, cette émotion!... bien légitime... à un homme qui vient de vous sauver!...

---

1. André, Eva, Rabagas, le prince.

LE PRINCE.

Vous?

RABAGAS.

Au péril de ma vie, tout bonnement!...

EVA, protestant.

Oh!...

RABAGAS, vivement, à demi-voix, passant devant elle.

Alliance et discrétion... ou bien!... (Il lui montre le billet derrière son dos.)

EVA, effrayée.

Ah!...

LE PRINCE.

Mais enfin, monsieur, expliquez-moi!...

RABAGAS.

Un guet-apens! monseigneur! mais le guet-apens le plus habile, le mieux organisé!... Je descends par cette porte pour regagner mon logis!... Trois hommes embusqués sautent sur moi, me prenant pour vous, étouffent mes cris, me bâillonnent, me garrottent et me jettent dans une voiture, qui part comme une flèche!... Crier!... impossible, me débattre... inutile!... Et je finis par accepter ma torture, avec joie, à la pensée que je la subis pour Votre Altesse!

EVA, modérant son envie d'éclater.

Ah!

RABAGAS, tranquillement, même jeu du billet derrière le dos.

Plaît-il?...

LE PRINCE.

Continuez!...

RABAGAS.

Une heure de ce supplice, et la voiture dévore l'espace! Tout à coup, rumeurs et cris de joie!... « C'est le prince! » Une horde de gens armés entoure la voiture, l'escorte en courant, nous brûlons le pavé. Nous arrivons!... Tout s'arrête!...

C'est la mairie de Menton!... On se jette sur moi, on m'enlève, on me déballe! Stupeur et déception. « Rabagas! » Je veux m'expliquer. Fureur! On me reficelle et l'on me jette sous une table!... Le nouveau gouvernement installé par Camerlin, dans une chambre *verte,* veut justifier l'erreur et me délivrer! « Trahison! » Un autre gouvernement s'improvise, Vuillard en tête, coffre le premier dans sa chambre *verte,* s'installe dans une chambre *jaune,* décrète, légifère, vocifère... tandis que Pétrowlski se promène en bottes neuves sur ma table, qui grince et gémit!... mais pas tant que moi!... A deux heures moins le quart! grande poussée! un troisième gouvernement, fondé par Chaffiou, entre par la fenêtre, s'installe dans une chambre *rouge,* et met sous clef le gouvernement *jaune* qui tient toujours captif le gouvernement *vert!* Mais à deux heures le gouvernement *vert* s'évade par la cheminée, rentre par la cave, et supprime le gouvernement *rouge* qui redescend par la fenêtre, en cédant sa place au gouvernement *jaune* épouvanté, qui se réfugie sur les toits!!!... Vuillard arrête Camerlin, qui arrête Pétrowlski, qui arrête Chaffiou... qui les arrête tous!!!... Trompettes! Les gendarmes!... Sauve qui peut!... La table s'écroule! Je fuis et j'arrive!!!... évadé de trois révolutions légitimes, en faveur de trois gouvernements de leur choix!... qui ont duré chacun un quart d'heure.

LE PRINCE.

Vous m'en voyez ravi! (A part.) Je les tiens! (Haut. — Aux officiers.) Sortez, messieurs! (A André.) Restez. Mais, si je vous comprends bien, monsieur Rabagas, c'est par ce couloir que vous êtes sorti?...

RABAGAS.

Et qu'on m'a enlevé, oui, monseigneur!

LE PRINCE.

Malgré l'officier de garde? (Mouvement d'André et d'Eva.)

RABAGAS, à part, regardant André.

Ah! ah! (haut.) Ma foi, monseigneur, je ne l'ai pas vu, cet officier-là!

LE PRINCE.

Mais si, dans la cour!

RABAGAS.

Du tout!... Sans ça!...

LE PRINCE[1], se tournant vers André.

Alors monsieur va nous expliquer pourquoi il n'est pas venu à votre aide!

RABAGAS, à part, en regardant Eva.

Vengé!...

ANDRÉ, troublé.

Monseigneur, je ne puis que répéter ce que j'ai dit... je me suis éloigné un instant!...

LE PRINCE.

De ce côté!... C'est acquis!... Donc merveilleusement placé pour tout voir.

ANDRÉ.

Je n'ai rien vu!...

LE PRINCE.

Ou rien voulu voir!...

ANDRÉ.

Votre Altesse ne peut pas supposer que de parti pris?...

LE PRINCE, regardant Eva.

Qui sait!... La peur!... (Mouvement d'André.)

EVA.

Monseigneur!... (Toutes les fois qu'Eva prend la parole, Rabagas joue avec le billet.)

LE PRINCE.

Oh! pardon, madame... monsieur est assez grand pour

---

1. André, Eva, le prince, Rabagas.

répondre seul [1]... Qu'il me dise comment un tel acte a pu s'accomplir sous ses yeux, sans qu'il ait rien fait pour s'y opposer!

ANDRÉ.

Si j'avais vu... certainement !

LE PRINCE.

Mais enfin, monsieur, vous ne pouvez pas ne pas avoir vu !...

ANDRÉ.

J'étais !...

LE PRINCE, à lui-même, avec colère.

Chez elle, misérable... avoue-le donc !...

ANDRÉ.

J'étais endormi... peut-être !

LE PRINCE.

Ah ! vous avez le sommeil dur !... un homme qu'on enlève... qui se débat !...

EVA, à part.

Quel supplice !...

LE PRINCE, à part.

Elle avouera !...

ANDRÉ.

Je n'ai pourtant pas d'autre explication !...

LE PRINCE.

J'en ai une, moi !... c'est que vous étiez le complice de ces hommes !...

ANDRÉ.

Leur complice !...

LE PRINCE, regardant toujours Eva.

Sans doute, si vous étiez là !...

ANDRÉ, perdant la tête.

Mais Votre Altesse ne peut pas !... Elle sait qui je suis !...

---

1. André, le prince, Eva, Rabagas.

LE PRINCE, ne perdant pas de vue Eva.

Un homme à mettre aux fers à l'instant!... (A part.) Mais elle ne parlera donc pas!...

ANDRÉ, perdant la tête.

Monseigneur... je... !

LE PRINCE, brutalement.

C'est jugé!... (Appelant.) Capitaine!... (Le capitaine reparaît sur le seuil.)

EVA, effrayée.

Monseigneur!... monsieur n'est pas coupable!.. Il n'était pas où vous croyez... Il était!...

LE PRINCE.

Il était?...

EVA, avec effort, à lui, à demi-voix.

Chez moi!...

LE PRINCE.

Allons donc!... (A elle, à demi-voix.) Oui, chez vous!... oui, chez vous, cette nuit, comme la nuit dernière!... mais j'en ai voulu l'aveu de votre propre bouche!... et voilà, femme indigne que vous êtes, comment vous vous jouez de mon amour!... sous mon toit!... à ma porte!...

EVA.

Mais je suis libre!... et!...

LE PRINCE.

Oh! sans doute, et je ne puis rien sur vous!... mais sur votre amant!... c'est autre chose!...

EVA, effrayée.

Monseigneur!...

RABAGAS, bas, séparé d'elle par la table.

Voilà ce que c'est que de m'avoir joué! (Eva le regarde, il détourne les yeux.)

LE PRINCE, à André.

Vous êtes soldat, monsieur! Et que vous ayez quitté votre

poste pour une cause ou pour une autre, c'est tout un! Vous savez ce qui vous attend!

LE PRINCE.

Capitaine!

LE CAPITAINE[1].

Pardon! mais que Votre Altesse me permette! Il y a erreur!

LE PRINCE.

Erreur!

LE CAPITAINE.

Ce n'est pas monsieur qui était de garde ici cette nuit! c'est le chevalier!

LE PRINCE, frappé.

Carle!

EVA, à part.

Grand Dieu!

ANDRÉ, vivement.

Du tout!... c'est moi!

LE CAPITAINE, le regardant sévèrement.

C'est le chevalier!

LE PRINCE, très-pâle.

Ah!

EVA, vivement, à Rabagas.

La lettre ou je dis tout!

RABAGAS, hésitant.

Mais!...

EVA, la lui arrachant.

Mais donnez donc!...

ANDRÉ.

Oui, monseigneur!...

1. André, le capitaine, le prince, Eva, Rabagas.

LE PRINCE, qui a surpris le mouvement, à part.

Une lettre!... et Carle ici... la nuit!... Mais que se passe-t-il?... et que me cache-t-on? (A Rabagas.) Laissez-nous, monsieur. Je vous prie, laissez-nous! (Rabagas s'incline, et sort par la droite.—Haut, au capitaine.) Le chevalier! Tout de suite!...

ANDRÉ, vivement.

Monseigneur, il est parti!

LE PRINCE, surpris de son empressement.

Ah!... (A part.) Encore un mensonge!

ANDRÉ.

Et c'est pour cela que j'ai pris sa place!

LE CAPITAINE.

Mais du tout, monsieur, puisque vous étiez chez vous, au boute-selle, pour partir avec moi!

LE PRINCE.

Chez lui!... (A Eva.) Mais alors, il n'était donc pas où vous dites, madame?

EVA, vivement.

Si!... avant!

LE PRINCE, la regardant fixement.

Vous êtes bien pressée de me le faire croire!...

EVA, troublée.

La vérité m'oblige...

LE PRINCE.

La vérité!... Et qui la dit ici la vérité?... A chaque mot!.. je vous prends tous deux en flagrant délit d'imposture!... (Mouvement d'Eva.—Avec violence.) Oui, d'imposture!... Et je vous vois plus âpres à vous accuser que d'autres à se défendre!... Dans quel but?... Pourquoi?... (Avec violence.) La vérité, enfin!... j'exige la vérité!...

EVA, à part effrayée, gagnant la gauche.

Ah! mon Dieu!...

ACTE CINQUIÈME.

LE PRINCE[1].

D'abord!...Cette lettre, que vous avez arrachée à monsieur!..

EVA.

Moi?

LE PRINCE.

Vous la tenez là!... Et je la veux!...

EVA.

Mais cette lettre est de moi!

LE PRINCE.

Vraiment!

EVA.

Écrite à monsieur!

LE PRINCE.

Ah!... Eh bien, tant mieux alors!... Voyons-la!...

EVA.

De quel droit?... J'écris ce qui me convient, et je n'en dos. la confidence à personne.

LE PRINCE.

Bah!... Des paroles d'amour!... Et après votre aveu!...

EVA.

Après comme avant!... Il ne me plaît pas à moi, qu'on la lise!

LE PRINCE.

Prenez garde, madame!... Je m'efforce d'être calme, vous le voyez. (Très-ému, jusqu'aux larmes.) Votre intention peut être bonne, mais vous vous trompez!... je vous assure!... Plutôt toutes les vérités!... que cet horrible doute... où vous me laissez!... Je vous en conjure!... Soyez généreuse et bonne!... Donnez-moi cette lettre!...

EVA.

Je ne puis pas!

1. André, le capitaine; plus haut, Eva, le prince.

LE PRINCE.

Alors!... elle n'est pas de vous!... je l'aurais déjà!...

EVA.

Et de qui donc serait-elle?

LE PRINCE, regardant la porte de sa fille.

Ah! de qui?

EVA, vivement.

Elle est de moi! je le jure!

LE PRINCE.

Alors donnez-la!

EVA.

Non!

LE PRINCE, dont la colère va croissant.

Mais, malheureuse!... je la lis, cette lettre!... je la lis dans vos refus même!... un rendez-vous nocturne, n'est-ce pas?...

EVA, inquiète.

Peut-être!...

LE PRINCE.

Pour l'officier de garde ici, cette nuit!

EVA, vivement.

Pour monsieur!

LE PRINCE.

Ou pour Carle!

EVA.

Oh!...

LE PRINCE, hors de lui.

La lettre!... je la veux maintenant!... je la veux!... entendez-vous?... Je la veux!...

EVA.

Oserez-vous bien!...

LE PRINCE.

Tout!...

ACTE CINQUIÈME.

EVA.

Monseigneur!...

LE PRINCE, hors de lui.

Ah!... malheureuse que vous êtes!... vous savez tout ce que je redoute!... et vous vous armez de votre faiblesse de femme pour me broyer le cœur!

EVA.

Monseigneur!...

LE PRINCE.

Mais si je ne puis rien sur vous... j'ai là, pour vous atteindre, celui qui se fait votre complice!... un homme, lui, et coupable, ne le fût-il que de ruse et de mensonge!... et si vous êtes sans pitié pour moi!... je serai implacable pour lui... une dernière fois, la lettre!

EVA.

Jamais!

LE PRINCE.

Capitaine!... emmenez monsieur, et devant toute la compagnie, dégradez-le pour désertion!

EVA.

Oh!

LE PRINCE, à Eva.

La lettre!... (silence.) Non!... (Au capitaine.) Brisez-lui son épée! Arrachez-lui ses épaulettes et l'en souffletez!

EVA.

Oh! c'est une lâcheté, cela!

LE PRINCE.

La lettre!

EVA, après avoir fait le mouvement de la donner.

Non! non!

LE PRINCE.

Et cela fait! douze hommes!...

EVA.

Monseigneur!... grâce!...

LE PRINCE.

Mais la lettre! La lettre donc!... Malheureuse femme! Ou sa mort!

EVA, tendant la lettre et la retirant avec désespoir.

Non! non!

LE PRINCE, au capitaine.

Allez!

EVA, même jeu.

Non! Il le faut bien! Ah! mon Dieu! mon Dieu! (Pleurant.) Je ne peux plus!... (Elle tend la lettre.)

LE PRINCE, s'en emparant.

Enfin!

EVA, tombant assise épuisée et sanglotant.

Ah!... c'est horrible ce que vous faites là! C'est horrible!

LE PRINCE, après avoir lu.

Ma fille! Oui! ma fille! Et ils sont-là!...

ANDRÉ et LE CAPITAINE, se jetant au-devant de lui.

Monseigneur!

LE PRINCE, se dégageant.

Laissez-moi! (Il va pour s'élancer vers la porte qui s'ouvre.)

SCÈNE V.

Les Mêmes, GABRIELLE.

GABRIELLE, sur le seuil de la porte, inquiète.

Ah! mon Dieu! quel bruit!

LE PRINCE, la saisissant violemment par la main
et l'entraînant sur la scène.

Oui, oui, venez ici!...

ACTE CINQUIÈME.

GABRIELLE, effrayée de son regard.

Mon père!... (Le prince lui met la lettre sous les yeux.) Ma lettre!

LE PRINCE.

Oui, votre lettre!... oui!

GABRIELLE.

Ah! mon père, pardonnez-moi!... Laissez-moi vous dire...

LE PRINCE, la rejetant. — Elle va tomber dans les bras d'Eva.

Vous ma fille!... Non! vous n'êtes plus ma fille!... Et quant au misérable à qui vous écrivez!... (Il va pour entrer chez elle.)

GABRIELLE, pleurant dans les bras d'Eva.

Hélas!... il est parti!...

LE PRINCE.

Parti!

EVA et ANDRÉ, stupéfaits.

Parti!...

GABRIELLE.

Malgré moi!... Il a entendu l'appel du départ, et il m'a quittée!... (Pleurant.) Et je n'ai pas pu le retenir... moi... par ces barreaux!... (Mouvement.)

EVA.

Ces barreaux!...

LE PRINCE, saisi.

Hein!... Il était?...

GABRIELLE, d'une voix entrecoupée par les pleurs.

Dans le jardin... oui... comme les autres fois!...

LE PRINCE.

Et vous?...

GABRIELLE, de même.

A la fenêtre de mon oratoire!...

LE PRINCE, tremblant de joie.

Avec des grilles!... (Il fait le geste. L'émotion l'empêche d'achever.)

GABRIELLE, fondant en larmes.

Oui!.. Ah!... c'est bien mal!... (Eva la console.)

LE PRINCE, rassuré.

Des grilles... entre... Ah! comme ça!... Ah! mais, comme ça!... Ah! Dieu!... La petite malheureuse, qui ne peut pas le dire plus tôt!...

EVA, à Gabrielle, la jetant dans ses bras.

Dans ses bras, vite!

LE PRINCE, la recevant dans ses bras.

Oui! oui!... Ah! comme ça! Ah! j'ai une envie de pleurer!

EVA.

Les nerfs! Faites, faites!

LE PRINCE.

Ah! missess! Pardonnez-moi!.. Et lui! qui se laisse!... (Serrant la main d'André.) Ah! vous êtes un brave garçon, vous! Quel brave garçon! (Cris dehors. — Trompettes.)

LE CAPITAINE.

Monseigneur! Voici le reste de nos troupes qui rentre. Et le chevalier Carle en tête! qui est entré le premier à l'hôtel de ville! le revolver au poing!

GABRIELLE.

Ah! mon Carle!

SCÈNE VI.

Les Mêmes, CARLE, RABAGAS, FLAVARENS, Officiers.

LE PRINCE.

Entrez, messieurs, entrez! (Sévèrement. — A Carle.) Avancez, monsieur! Voilà donc comme vous désertez votre poste, la nuit?

ACTE CINQUIÈME.

CARLE, intimidé.

Monseigneur!

LE PRINCE, sévèrement.

Quand l'amour nous rend capable d'une telle conduite, monsieur!... (Changeant de ton.) On se marie!... Embrasse donc ta femme... gamin!...

CARLE, courant à Gabrielle.

Ah! monseigneur!...

RABAGAS, à lui-même.

Sapristi! mais moi! si tout s'éclaircit.

LE PRINCE, à Eva, à part.

Aussi bien je n'ai pas mieux à faire, n'est-ce pas?... Seulement je nage en pleine démocratie!

EVA, de même.

La bonne... celle-là!

LE PRINCE.

Vous croyez donc, missess, que cette mésalliance?...

EVA, de même.

Excellente!

LE PRINCE.

Alors, pendant que j'y suis, si nous en faisions une autre?...

EVA.

Y pensez-vous!... faire de moi une princesse!...

LE PRINCE, lui mettant Gabrielle dans les bras.

Non!... une mère!

GABRIELLE, à Eva.

Oh! oui, oui!...

EVA.

Allons!... Pour elle!... Et pour moi!... aussi!...

LE PRINCE.

Et pour moi!...

GABRIELLE, à Eva.

Ah! quel bonheur!...

LE PRINCE, haut.

Eh bien! monsieur Rabagas!... Vous le voyez!... Tout est fini!... Ici, et au dehors!...

RABAGAS.

Oui, monseigneur... oui. (A part.) De l'aplomb! (Haut.) Nous fermons l'ère des révolutions!...

EVA.

Et avec un bon petit décret que monsieur Rabagas va nous signer de sa propre main [1].

LE PRINCE, surpris, la regardant.

Un décret?...

RABAGAS, prenant la plume et s'installant pour écrire.

Tout de suite!

EVA.

Toute personne ayant pris part au complot de cette nuit sera condamnée à une prison perpétuelle.

LE PRINCE, à part.

Ah! ah!... je comprends!...

EVA.

Écrivez, monsieur Rabagas!

LE PRINCE.

Écrivez!...

RABAGAS, entouré de tous, qui le regardent d'un air railleur.

Monseigneur!... cette rigueur!... attacher mon nom à une

---

1. Carle, Gabrielle, le prince, Eva, Rabagas.

mesure aussi cruelle!... moi!... (Eva le regarde en souriant : piteusement.) j'aimerais mieux donner ma démission!...

LE PRINCE, vivement.

Nous l'acceptons!...

RABAGAS, debout, jetant la plume avec colère.

Battu!... Oh! les femmes!...

SCÈNE VII.

LES MÊMES, BRICOLI, LE COLONEL. Ils entrent ensemble, se tenant tous deux par le collet.

BRICOLI.

Marchez!...

LE COLONEL.

Avançons!...

LE PRINCE.

Qu'est ceci?

LE COLONEL.

Bricoli, monseigneur, que j'ai arrêté pour cris séditieux!...

BRICOLI.

Du tout, c'est moi qui l'arrête pour le même chef!...

LE COLONEL.

Il crie : « A bas Rabagas! »

BRICOLI.

Il crie : « Vive Rabagas! »

LE PRINCE.

Messieurs, lâchez-vous!... ce n'est plus ni vive Rabagas, ni à bas Rabagas!... c'est... (Saluant ironiquement Rabagas.) bonsoir, monsieur Rabagas!... (Tout le monde forme une espèce de couloir, jusqu'à la porte, pour laisser sortir Rabagas.)

RABAGAS.

Allons!... je m'expatrie!... et je vais dans le seul pays où l'on apprécie les gens de ma trempe.

LE PRINCE.

Où donc?

RABAGAS.

En France!... (Il sort en faisant un grand salut qu'on lui rend ironiquement.)

FIN.

www.ingramcontent.com/pod-product-compliance
Lightning Source LLC
Chambersburg PA
CBHW060128170426
43198CB00010B/1082